浅田真央は何と戦ってきたのか

フィギュアの闇は光を畏れた

真嶋夏歩

ワニブックス
|PLUS|新書

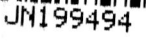

はじめに

２０１７年4月10日、浅田真央が引退した。

翌日の報道は浅田一色に染まった。浅田真央がフィギュアスケートという枠を超えた国民的スターであると同時に、フィギュア界に残した足跡がどれほど大きなものであったのか、改めて実感した出来事だった。

が、それでもやはり、テレビの過熱ぶりは常軌を逸していた。

特に、ここ十年にわたるマスコミの偏向報道をつぶさに見てきた私にとって、過剰なほどの「浅田礼賛」は、苦々しいものですらあった。

世界選手権で初の世界女王に輝いたとき、インタビューを受ける浅田の前に飾られた、トリプルアクセル転倒の巨大なパネル。授賞式での国旗掲揚・君が代シーンのカット。「子供っぽい」といった的外れな論調……怪我で不調に悩まされた最後のシーズンに至っては、世代交代を強調する、あからさまな演出が目立った。

それが引退表明後は、全局上げての「浅田アゲ」に一変。視聴率狙いの姑息な演出は、アスリートの引退を「美談に仕立て上げなければいけない」という病にかかっているようだ。

私自身、もっとも違和感を覚えたのは、浅田を「悲運のスケーター」に仕立て上げようとの意図が透けて見える、陳腐でセンチメンタルなストーリー構成だった。確かに、幾多の困難はあったろうが、彼女のスケート人生は素晴らしい祝福と成功に彩られていた。

２０１０年バンクーバー五輪銀メダル。２００８年、２０１０年、２０１４年世界選手権優勝。四大陸選手権優勝３回、ＧＰ（グランプリ）ファイナル優勝４回。ＧＰシリーズ優勝11回（６大会全制覇）、全日本選手権優勝６回。２０１０年バンクーバー五輪では、女子シングル史上初めてひとつの競技会中に３度のトリプルアクセルを成功させ、ギネスに認定された。

浅田真央がシニアデビューしてから引退までの11シーズン。この間に何が起こっていたのか、事実を書き記しておきたいと思う。点在する事実を書き留めることで、そこから読み取れる真実があるはずだ。

私自身はフィギュアスケートを専門とするライターではないため、本書では技術の評価や演技に対する感想、曖昧な形容詞はできるだけ排除しました。

プロトコル（採点表）に基づいたデータと報道を中心に構成されているため、引用が多いこと、ご容赦ください。

敬称については、一部混在していますが、その方の現役時代の話題については敬称を外し、引退後について語っている場合は敬称をつけた表記となっています。

また、本書ではフィギュアスケートについての専門的な用語が頻出します。ルールの解説や用語は「第3章　フィギュアスケートの採点はわかりにくい？」にまとめました。迷ったときは、第3章からお読みいただくことをお勧めします。

はじめに　3

第1章　バンクーバー五輪　最強のスケーターは誰だ……11
バンクーバー五輪シーズン　キム・ヨナは驚くべき進化を遂げていた／キムのGOEはエッジエラー判定の影響を受けない／高難度ジャンプよりダブルアクセルが有効／「高止まり」した演技構成点・PCS／男女あわせて、バンクーバー五輪の勝者はキム・ヨナだった／仮説。「基礎点×0・25＝GOE加点」がオーサー「勝利への黄金率」だった?

第2章　キム・ヨナ神話の崩壊……35
キム・ヨナ 銀メダルの衝撃／女王陥落の要因は、バンクーバー金メダルにあった／ソトニコワのGOEは「高すぎた」のか?／急激に上がるPCSは「おかしい」のか?／上位6名のPCSはふたつのグループに分かれていた／「専門家」でもPCSを説明できない／ジャッジの「主観」

によって順位は入れ替わる／ＩＳＵ会長による「騒動の予兆」

第３章 フィギュアスケートの採点はわかりにくい？……61
フィギュアの採点を理解するキーワードは４つ／ＳＰのジャンプは自由度が低い／ＦＳは「リカバリー」が勝負を分ける／「ジャンプの組み合わせの難易度」は評価の対象とならない／ジャンプの回転不足とは？／エッジエラー＝踏み切り違反／ＰＣＳは５つの視点で評価される／採点はどのように行われるのか／ジャンプは全部で６種類

第４章 平昌五輪とルール改正……83
選手の表情が判定の矛盾を物語る／試合ごと、ジャッジごとに「判定」の基準は異なる／フィギュアの採点は「絶対評価」ではない／ジャッジの判定を「運」「不運」で片付けてよいのか／何が選手を追い詰めるのか／ＰＣＳ再考／若手のＰＣＳは、なぜ高騰したのか？／ジャッジの判定は意思統一されている／ＰＣＳは「定評」か「救済」か／オーサー理論の

正しさが証明された平昌五輪／ルール改正で男子シングルはどう変わる
／4回転の基礎点を下げる是非

コラム 小塚崇彦氏に聞く「フィギュアの採点」

第5章 新採点システムの問題点……119

ISUの「お手本」は特定の現役選手／進化するテクノロジーが採点の透明化を加速させる／フィギュアの「機械判定」導入が不可能なわけ／スケーター自身が真実を知っている／ジャッジは各国連盟の意志を反映する／フィギュア選手は「アスリートとしての権利」すら剥奪されている／ステップ・シークエンスはもっと重視されていい

第6章 すべてはソルトレイクシティから始まった……143

新採点システムの誕生／ターニングポイントはISU京都総会だった／国家の威信をかけた「バンクーバー・プロジェクト」／国と国とのパワーゲーム

第7章　金メダルは「組織の勝利」なのか……161
組織によるパワハラは今も昔も変わらない／「伊藤みどりプロジェクト」／日本スケート連盟を揺るがせた「不正会計事件」／辞任からわずか2年半で連盟復帰／「チーム・城田」は異例尽くし／最善の選択はJISSだった／勝たなければ意味がない／優秀な人材は他にもいるはず／批判に敏感な組織／組織内の常識は世間の非常識／スケーター、デニス・テンの急逝

第8章　浅田真央が戦ってきたもの……203
浅田真央はJSFに何をもたらしたのか／「特例」を求める書簡が出されることはなかった／トリノ五輪に出場したのは、シンボルアスリートの3人だった／対象選手限定の後方支援／JSFは味方だったのか？／ISUからの無言のメッセージ／ISUは「意志」をもって天野氏を任命し続けた／世界基準のセオリーを無視したJSF／アルメニアのリンク／リンクの経営は破綻していた／荒れ果てたリンク／ソチとアルメニ

ア・エレバンの気候条件は「似ていない」／過去の失敗はなぜ活かされなかったのか／２０１３～14年シーズンの「強化合宿費」／現地にいたＪＳＦ幹部たちは何をしていたのか／「幹部の責任は追及されない」異常／「ＩＳＵのメッセージ」とＪＳＦ／浅田真央は強かった／「スター」はつくれない

コラム 小塚崇彦氏に聞く「浅田真央の魅力」

おわりに 270

浅田真央の3大名プログラム・ステップ解析

第1章

バンクーバー五輪
最強のスケーターは誰だ

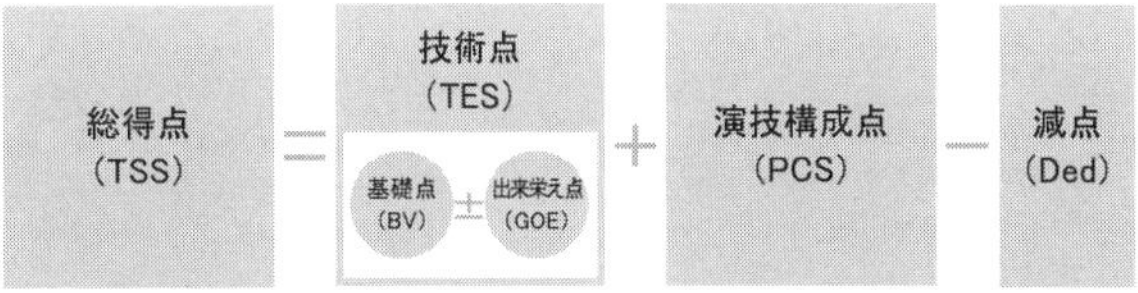

フィギュアスケート採点の仕組み

バンクーバー五輪シーズン　キム・ヨナは驚くべき進化を遂げていた

キム・ヨナと浅田真央の両者にとって、五輪シーズン初戦となった２００９年ＧＰ（グランプリ）シリーズ フランス大会。キムは2位の浅田に実に36・04の大差をつけ、自身が持つ世界最高得点を更新して優勝した。

ＩＳＵ（国際スケート連盟）ジャッジで大韓スケート競技連盟副会長のイ・ジヒ氏は、試合後の会見でこう発言している。

「（今までは）多くの審判が新しい採点方式以前のやり方で減点したため、高い点数が出なかった。しかし、キム・ヨナの卓越した演技を見た後、出来栄え点（ＧＯＥ）を充分に活用しようという雰囲気が作られた。それもキム・ヨナに限ってのことだ」。

公正中立を保つべきＩＳＵジャッジが、特定の、しかも自国の選手を優位に立たせる発言を公然と行う。フィギュア以外のスポーツではあり得ないことだが、この発言通り、フランス大会でキムがショートプログラム（ＳＰ）とフリースケーティング（ＦＳ）で得たＧＯＥは、新採点システムはじまって以来最高の、21・50だった。

表A　キム・ヨナのFS獲得GOE推移

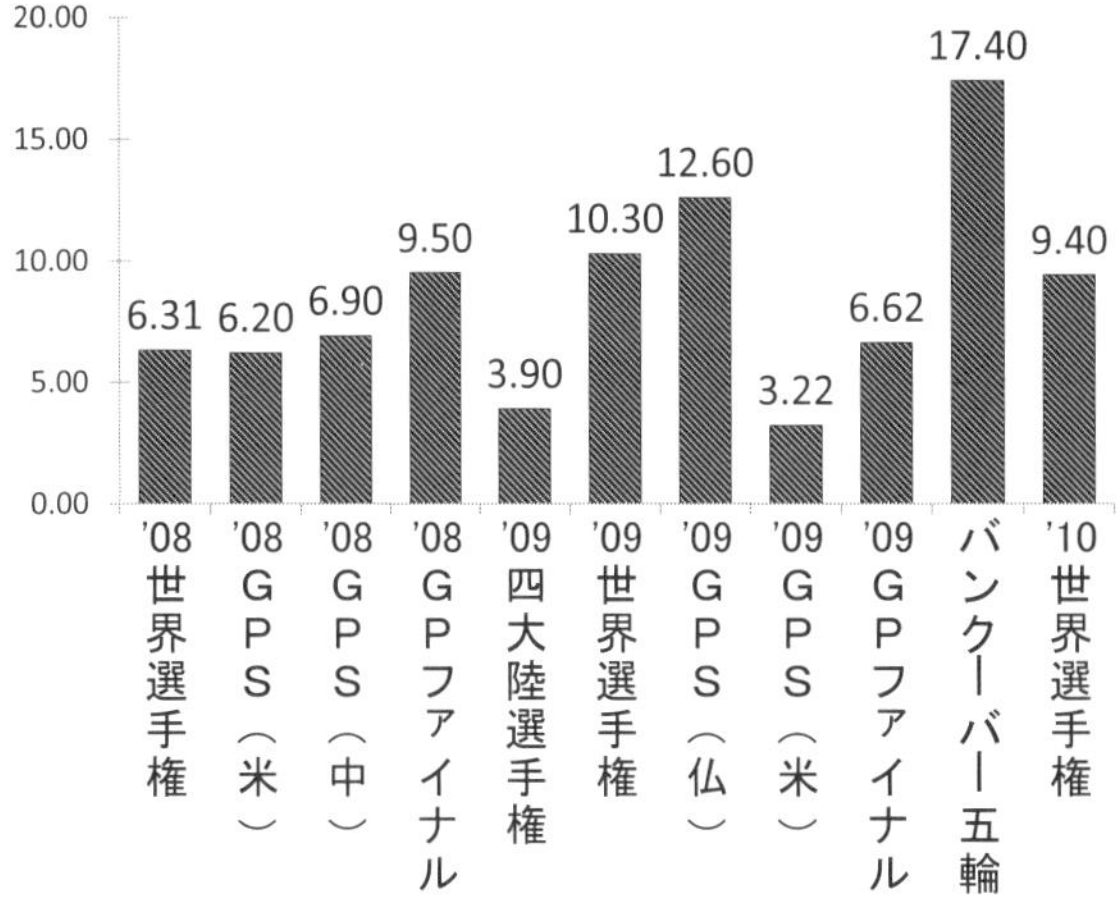

ことにFSでは3回転フリップ〔基礎点5・5〕を実施できず、スピンふたつで最高レベルを取りこぼしたにも関わらず、GOE12・60を得ている。

その後に続いたGPシリーズアメリカ大会とGPファイナルでは、ジャンプの回転不足や転倒等、ミスが重なりGOEを減らしたものの、キムのFSでのGOEは前シーズンと比べ、平均で7・36から9・85へ、約2・5ポイント上昇した。

これが「キム・ヨナに限ってのこと」なのかを検証するために作成した

表B　ISU公認の国際大会女子上位3名の基礎点とGOE、PCSの平均推移

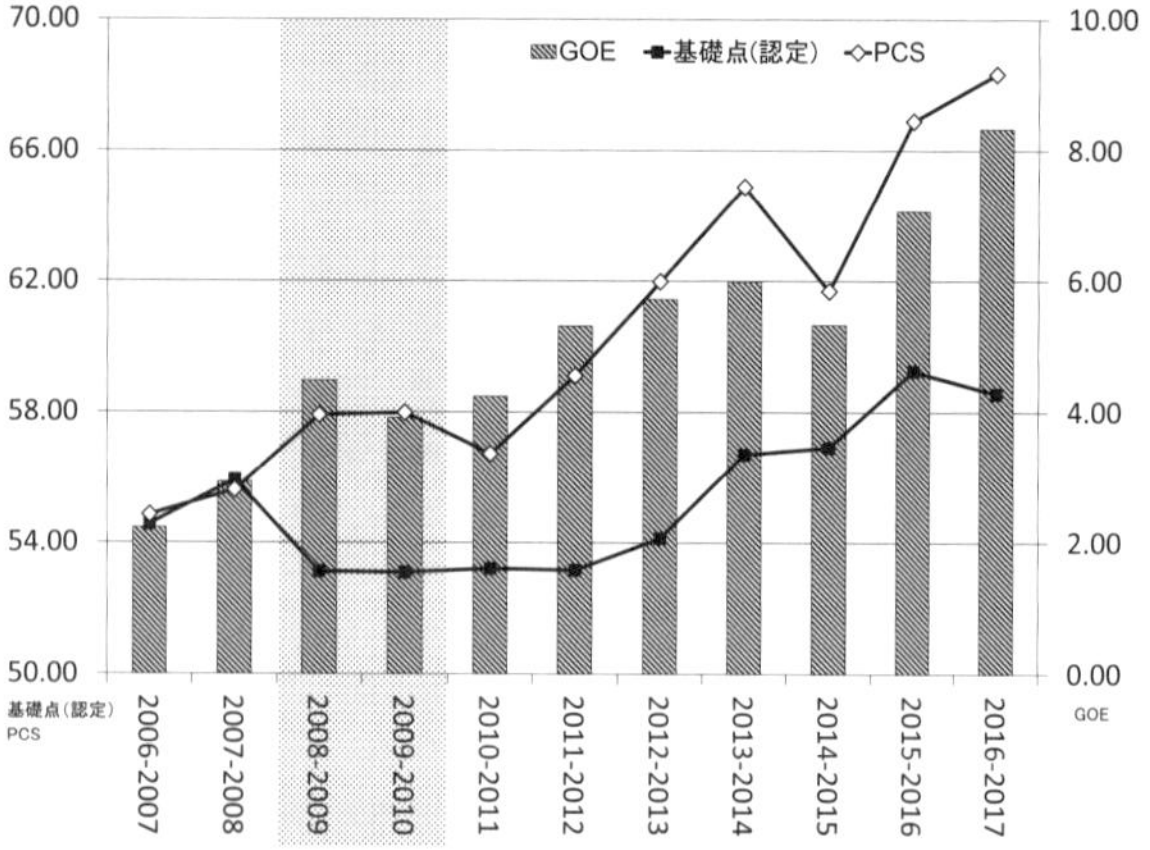

※ISU公認の国際大会である、GPシリーズ（ロシア、カナダ、中国、日本、フランス、アメリカ）6試合、GPファイナル、4大陸選手権、欧州選手権、世界選手権の「10試合／年」を対象に、女子上位3名がFSで得た得点を11年分、集計した。五輪開催年（2010年、2014年）は、五輪結果も加えた。総サンプル数は336。

のが、上のグラフだ。

五輪シーズン、ＩＳＵ公認の試合で上位３名の「平均ＧＯＥ」は、前シーズンと比べて４・48から３・91に、０・57ポイント減少。全体としてはむしろ抑えられている。「キム・ヨナは、他の上位選手と比べて、顕著に、しかも急激に、演技要素の出来栄えを高められた選手だった」ことがわかる。

さらに、表Ｂのデータをもとに、女子上位選手のＧＯＥ

表C　女子上位選手のGOEの平均値＋3SD

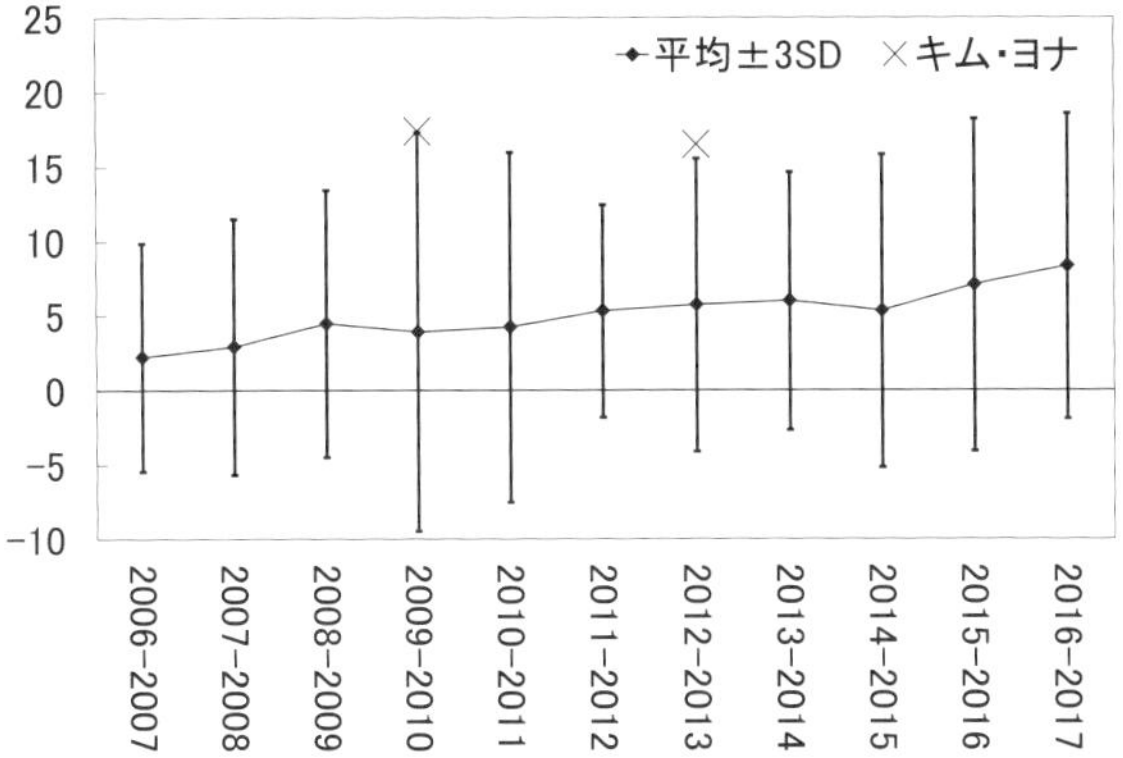

※2009-2010シーズンのGOE「平均値＋3SD」は〔-9.48〜17.3〕でキム・ヨナのGOEは17.4。2012-2013シーズンの「平均値＋3SD」は〔-4.11〜15.55〕でキムは16.51。総サンプル数336の「外れ値」はこのふたつのみ。

の「平均値＋３ＳＤ（３x Standard Deviation：標準偏差の３倍）」から外れる個人データを検出してみた。統計学的には、99・7％のデータが「平均値＋３ＳＤ（標準偏差の３倍）」に含まれるとされている。

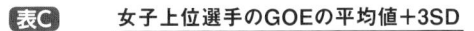

結果、「外れ値（×印）」は、ふたつ（表Ｃ参照）。バンクーバー五輪と13年世界選手権での、キムのＦＳだ。キムはいずれの試合でも優勝している。

キムに与えられたＧＯＥはあくまでルールに則した数値だ。とはいえ、彼女が「極めて〝特異な〟採点傾向をもった選手」であることがわかる。

キムのGOEはエッジエラー判定の影響を受けない

キムのGOEはもうひとつ、ジャンプの「踏切エラー」判定において、大きな特長を持っていた。

得点要素として認められている6種類のジャンプのうち、もっとも難易度が高いのがアクセル、次いでルッツ、フリップだが、ルッツはエッジの外側に重心を乗せ、反対にフリップはエッジの内側に重心を乗せて跳ぶ。

しかし、特に女子はどちらかのジャンプを苦手とする選手が多く、ルッツもしくはフリップの「エッジの使い方が不適切」、つまりエッジエラーとなるケースが多い。

少々話は遡るが、女子シングルにおいて、トリノ五輪以前は「エッジエラー」の判定が、現在のようには厳しくなかった。長野五輪のタラ・リピンスキー、ソルトレイクシティ五輪のサラ・ヒューズ、そしてトリノ五輪の荒川静香も、エッジエラーを抱えたまま金メダルを手にしている。

正しいエッジを使ったジャンプの跳び分けができない選手の増加を受けて、ＩＳＵがルールの厳格化に踏み切ったのは、２００７－08シーズンから。２００７年といえば、世界選手権で安藤美姫と浅田真央が1位、2位となった年だ。

翌シーズンからは踏切エッジの厳格化が進み、さらに回転不足、とりわけ連続ジャンプのふたつめに実施するループジャンプに対する認定が厳しくなった。以降、安藤はフリップの、浅田はルッツのエッジ矯正に苦しみ、両者ともに連続ジャンプのセカンドにあたる三回転ループが認定されることはほとんどなくなった。一方で、ＩＳＵジャッジを集めた「欧米主導の」セミナーで見せる模範映像には、07年世界選手権3位だったキムのジャンプばかりが映っていたという。*1

もちろんルール運用の厳格化そのものは、決して悪いことではない。しかしそれは、「すべての選手に平等に適用される」ことが前提だ。

キムのフリップジャンプについては、「エッジエラーでは？」との指摘が度々なされていた。実際、２００８－09シーズンにはＧＰシリーズ 中国大会のＳＰで「重度のエッジエラー（e）」と判定されたが、ブライアン・オーサーコーチが「公式抗議が難しいならば、ＩＳＵに影響力を持った知人たちと会い、非公式的なルートを通じてでも必ず問題提起する」と発言して以降、[*2]踏切エッジに改善はみられなかったにも関わらず、「軽度のエッジエラー（！）」の判定しか出なくなった。しかもキムのエッジエラー判定は極めて特徴的だ。

２００８-09、２００９-10の2シーズン、女子シングルの選手に下された軽度のエッジエラー判定「！」は、全部で１３６件。[*3]そのうち５件のジャンプだけに、ＧＯＥ加点が与えられていた。５件、すべてがキムのジャンプだ。

「！」は注意を促すものであり、ルール上、最終的なＧＯＥは必ずマイナスになるとは限らない。とはいえそれだけに、「１３６件中、キムだけが加点対象だった」という事実の特異性が目を引く。

ちなみに、平昌五輪を含む２０１６-17、２０１７-18の2シーズンでの「！」判定は、１２６件。そのうちＧＯＥ加点となったのは17件で、９人の選手が対象となっている（最多はエフゲーニャ・メドベージェワ：４件、ケイトリン・オズモンド：４件 他）。

高難度ジャンプよりダブルアクセルが有効

新採点システム（現行ルール）導入（２００４－05シーズン）以降、ジャンプの採点は回転数よりも「質＝出来栄え」を重視する傾向にある。

ところが07年からバンクーバー五輪シーズンまでは、ＧＯＥ加点の幅が、ジャンプの難易度に応じて細かく設定されていなかった。

ダブルアクセル（基礎点３・５）であっても、理論上はるかに難易度の高い４回転トウループ（９・８）と同じ、「ＧＯＥ加点３・０」が得られたのだ。しかも減点については高難度ジャンプと比べ、幅が小さい。さらに当時は同一種類の２回転ジャンプに対する回数制限がなかった。つまり、ダブルアクセルはかなり「お得な」ジャンプだったと言える（20ページ表Ｄ参照）

実際、キムのダブルアクセルには常にＧＯＥが１・５前後加点され、３回転ループの基礎点並みか、それ以上の点数を得ていた。

一方で、ジャンプの回転数の認定ラインは、「４分の１」という１段階[*4]だった。回転

表D　**ジャンプの基礎点とGOEの推移**

	2009-10年度			2010-11〜2013-14年度			2018-19年度		
	GOE-3	基礎点	GOE+3	GOE-3	基礎点	GOE+3	GOE-5	基礎点	GOE+5
2アクセル	−2.1 (40.00%)	3.5	3.0 (185.71%)	−1.5 (54.55%)	3.3	1.5 (145.45%)	−1.65 (50.00%)	3.30	1.65 (150.00%)
3トウループ	−3.0 (25.00%)	4.0	3.0 (175.00%)	−2.1 (48.78%)	4.1	2.1 (151.22%)	−2.10 (50.00%)	4.20	2.10 (150.00%)
3サルコウ	−3.0 (33.33%)	4.5	3.0 (166.67%)	−2.1 (50.00%)	4.2	2.1 (150.00%)	−2.15 (50.00%)	4.30	2.15 (150.00%)
3ループ	−3.0 (40.00%)	5.0	3.0 (160.00%)	−2.1 (58.82%)	5.1	2.1 (141.18%)	−2.45 (50.00%)	4.90	2.45 (150.00%)
3フリップ	−3.0 (45.45%)	5.5	3.0 (154.55%)	−2.1 (60.38%)	5.3	2.1 (139.62%)	−2.65 (50.00%)	5.30	2.65 (150.00%)
3ルッツ	−3.0 (50.00%)	6.0	3.0 (150.00%)	−2.1 (65.00%)	6.0	2.1 (135.00%)	−2.95 (50.00%)	5.90	2.95 (150.00%)
3アクセル	−4.2 (48.78%)	8.2	3.0 (136.59%)	−3.0 (64.71%)	8.5	3.0 (135.29%)	−4.00 (50.00%)	8.00	4.00 (150.00%)
4トウループ	−4.8 (51.02%)	9.8	3.0 (130.61%)	−3.0 (70.87%)	10.3	3.0 (129.13%)	−4.75 (50.00%)	9.50	4.75 (150.00%)
4サルコウ	−4.8 (53.40%)	10.3	3.0 (129.13%)	−3.0 (71.43%)	10.5	3.0 (128.57%)	−4.85 (50.00%)	9.70	4.85 (150.00%)
4ループ	−4.8 (55.56%)	10.8	3.0 (127.78%)	−3.0 (75.00%)	12.0	3.0 (125.00%)	−5.25 (50.00%)	10.50	5.25 (150.00%)
4フリップ	−4.8 (57.52%)	11.3	3.0 (126.55%)	−3.0 (75.61%)	12.3	3.0 (124.39%)	−5.50 (50.00%)	11.00	5.50 (150.00%)
4ルッツ	−4.8 (59.32%)	11.8	3.0 (125.42%)	−3.0 (77.94%)	13.6	3.0 (122.06%)	−5.75 (50.00%)	11.50	5.75 (150.00%)
4アクセル	−4.8 (63.91%)	13.3	3.0 (122.56%)	−3.6 (76.00%)	15.0	3.6 (124.00%)	−6.25 (50.00%)	12.50	6.25 (150.00%)

※バンクーバー当時のルールでは、「GOE＋3」の評価を得た場合、ダブルアクセルも4回転トウループも、得られる加点はともに「3.0」だった。つまりダブルアクセルは非常に加点率の高いジャンプだった。

※（　）内は基礎点にGOEを加味した、技術点の増減比率を示す

数が360度の4分の1、つまり90度以上足りなければ、試みた回転数から1段階低い基礎点に下げられ、しかもGOEで減点される。

例えば、トリプルアクセル（8・2）が回転不足になると、ダブルアクセルの基礎点（3・5）しか得られず、さらにGOEを引かれてしまう。高難度ジャンプに挑む選手たちにとっては、「苦難の時代」だったと言えるだろう。

つまり、新たに難易度の高いジャンプ――習得に時間と忍耐を要する一方でリスクが高い――を身につけるよりも、既に習得済みのジャンプの質を高め、ＧＯＥを上げたほうが、はるかに効率よく技術点を伸ばせるルールだったのだ。

オーサーコーチは「重要なのはＧＯＥだ。そういう（採点）システムなんだ。我々はＧＯＥを取るための練習をしてきた」と話している。

ルールを緻密に分析し、確実にＧＯＥを積み上げて技術点を伸ばすオーサーコーチの戦略は、見事なものだった。ＦＳにダブルアクセルを3回組み込み、苦手なループを外したキムのジャンプは、五輪ＦＳで12・00という驚異的なＧＯＥを獲得した。

確かに、キムのジャンプはスピード、飛距離ともに「男子並みの」質の高さを誇る。しかし、ジャンプ以外の要素、特に複数のステップやターンを連続して行うステップ・シークエンス[*5]とスパイラル・シークエンス[*6]については、私自身は個人的に、トップ選手としては凡庸なものであったと感じている。

ステップとスパイラルにおいて、浅田はキムを凌駕していた。前者はその多様性、複雑さ、エッジワークの正確さにおいて。後者は体勢の難易度、柔軟性、チェンジエッジの正確さにおいて。

しかしながら、バンクーバー五輪FSのステップ・シークエンスとスパイラル・シークエンスで得た2人のGOEは、キム3・0と浅田3・7。たった0・7ポイントしか、差はつかなかった。そういうルールなのだ。

「高止まり」した演技構成点・PCS

バンクーバー五輪シーズン前半戦。キムはGPシリーズ2戦とGPファイナルで、3連勝をあげていた。

彼女の「強さ」を支えていたのは、高いGOEともうひとつ。やはり「高止まり」したまま上昇を続けた演技構成点（PCS。いわゆる「表現力」を採点する項目）だった（以下、表E参照）。

キムのFSの予定演技構成の基礎点は、2008-09年からほとんど変わっていない。グラフの基礎点（認定）が上下しているのは、実施が認められなかった（ミスがあった）ことを示す。ミスによる基礎点の下落と比較して、PCSの下げ幅が小さいことが

表E　キム・ヨナ基礎点とPCSの推移

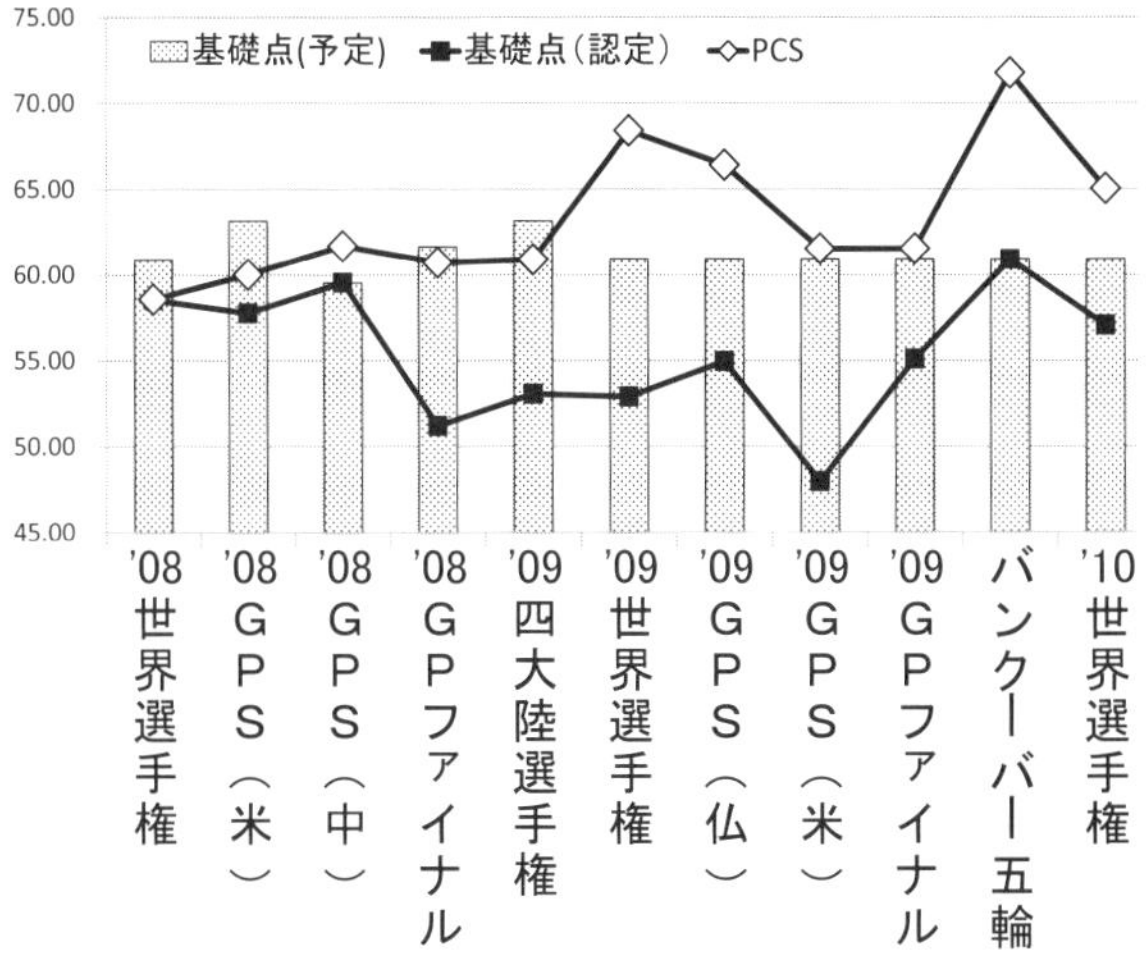

見て取れる。

注目すべきは、キムが優勝した09年世界選手権だ。フリップのエッジエラー（「！」ＧＯＥ加点0・40）、3回転の予定が2回転になったサルコウの回転不足、スピンひとつがノーカウントという内容で基礎点は微減したにも関わらず、ＰＣＳは大幅に上昇した。

その後、基礎点が大幅に下落したＧＰシリーズアメリカ大会でもＰＣＳは「高止まり」を続け、五輪へとつながっている。

キムのＰＣＳ平均は、五輪前シーズンが62・34、五輪シーズンは65・25。

PCS平均がひとシーズンで2・91上昇したといっても、なかなかピンとこないが、女子上位の平均PCSの推移を見れば、その違いがよくわかる。この2シーズン、トップ選手のPCS平均は57・91から57・98に、わずか0・07の微増に留まっていた（14ページ表B参照）。キムの五輪でのPCS71・76は突出して高い。

PCSにおいても、「他の選手と比べ、キム・ヨナは顕著に、しかも急激に、演技構成点、つまり表現力や芸術性を高められた選手だった」ということを示している。

男女あわせて、バンクーバー五輪の勝者はキム・ヨナだった

ここで改めて、バンクーバー五輪FSで、キムが獲得した「150・06」というポイントが、ジャッジからいかに高く評価されたものであったかを見ていきたい。

「PCS」は、「スケート技術」「要素のつなぎ」「演技」「構成（当時は「振付」）」「曲の解釈」という5つの項目を、それぞれ10点満点で採点したものだ。

この5項目の合計に、男子ならSPは「1・0倍」、FSは「2・0倍」、女子の場合はSPが「0・8倍」、FSは「1・6倍」にしたものが、演技構成点の点数になる。

表F　バンクーバー五輪FS・男女上位3名得点（PCS係数統一）

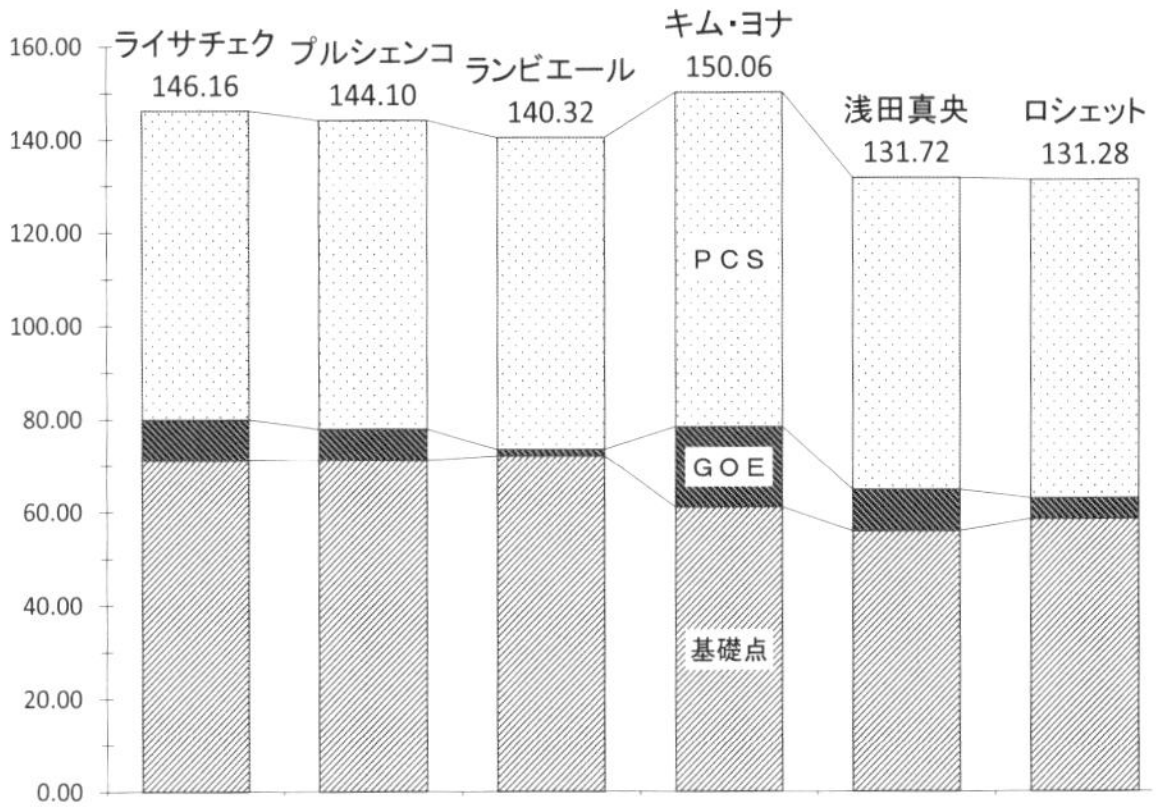

そこで、男子のPCSを女子と同じ係数「1・6」倍で計算し直し、得点を集計した。さらに、男子はジャンプの数が女子よりも1回多かったため、実施したジャンプの中から一番基礎点の低いものを差し引いた。

この結果が、表Fのグラフである。「男女合わせて、FSのトップはキム・ヨナ」という結果になった。

「男子と女子を比べるのは無意味」という意見もあるが、前提として「絶対評価」の競技である以上、比較に矛盾はない。

もしも「男子と女子の評価基準は違う」のであれば、女子シングルにおける

ジャンプ予定構成基礎点(バンクーバー五輪当時)

E・プルシェンコ
4T+3T **3A** **3A**+2T 3Lo 3Lz ×3Lz+2T ×3S (基礎点合計55.48)
E・ライサチェク
3Lz+3T **3A** 3S ×**3A**+2T ×3Lo ×3F+2T+2Lo ×3Lz (基礎点合計54.38)
キム・ヨナ
3Lz+3T 3F 2A+2T+2Lo 2A+3T ×3S ×3Lz ×2A (基礎点合計44.70)

※ジャンプはプロトコル(採点表)で、それぞれアクセル(A)、トウループ(T)、サルコウ(S)、ループ(Lo)、フリップ(F)、ルッツ(Lz)とアルファベット表記される。数字は回転数。ジャンプの数は男女で揃え、7回とした。×印は後半ボーナス加点「基礎点×1.1倍」となるジャンプ

トリプルアクセルへの評価は、もっと高くてよかった。浅田が成功させたトリプルアクセルは単独ですら、五輪で成功させたのは伊藤みどり、浅田、長洲未来の3人だけ。連続ジャンプは浅田のみだ。

性差による難易度を考慮しない「絶対評価」の結果、「キムが男女を通じて、FSで1位」だったことに、論理的な破綻はない。ただし破綻はなくとも、違和感は大きい。

上に、男女合わせたトップ3が実施したジャンプ構成(7要素)の基礎点を示したが、4回転を跳ばなかったライサチェクと比較しても、キムとの難易度には

男子シニアとジュニアほどの大きな差がある。[*7]
「ヨナは男子並みの高さと飛距離のジャンプを跳ぶ」とよく言われたが、ダブルアクセルが3回入った構成で、これが「男子を超える」GOEがつく根拠となるのだろうか。
ひとつ言えることは、基礎点合計で10・78程度の差であれば、GOEとPCS次第で逆転可能なルールであるということだ。
キムの金メダルは、このルールの特性を研究し尽くした末に導き出された「勝利の方程式」とも言えるものだった。

仮説。「基礎点×0・25＝GOE加点」がオーサー「勝利への黄金率」だった？

前述の韓国人ジャッジ、イ・ジヒ氏は、もうひとつ興味深い発言をしていた。

「今大会（09年GPシリーズフランス大会）がシーズン最初の大会であることを考えれば、演技が熟してくるバンクーバー五輪の時期になれば、キム・ヨナが220点台の世界最高記録で金メダルを獲得するのも夢ではない」[*8]。

表G ISU公認の国際大会女子上位3名の平均TES（技術点）と平均PCSの推移

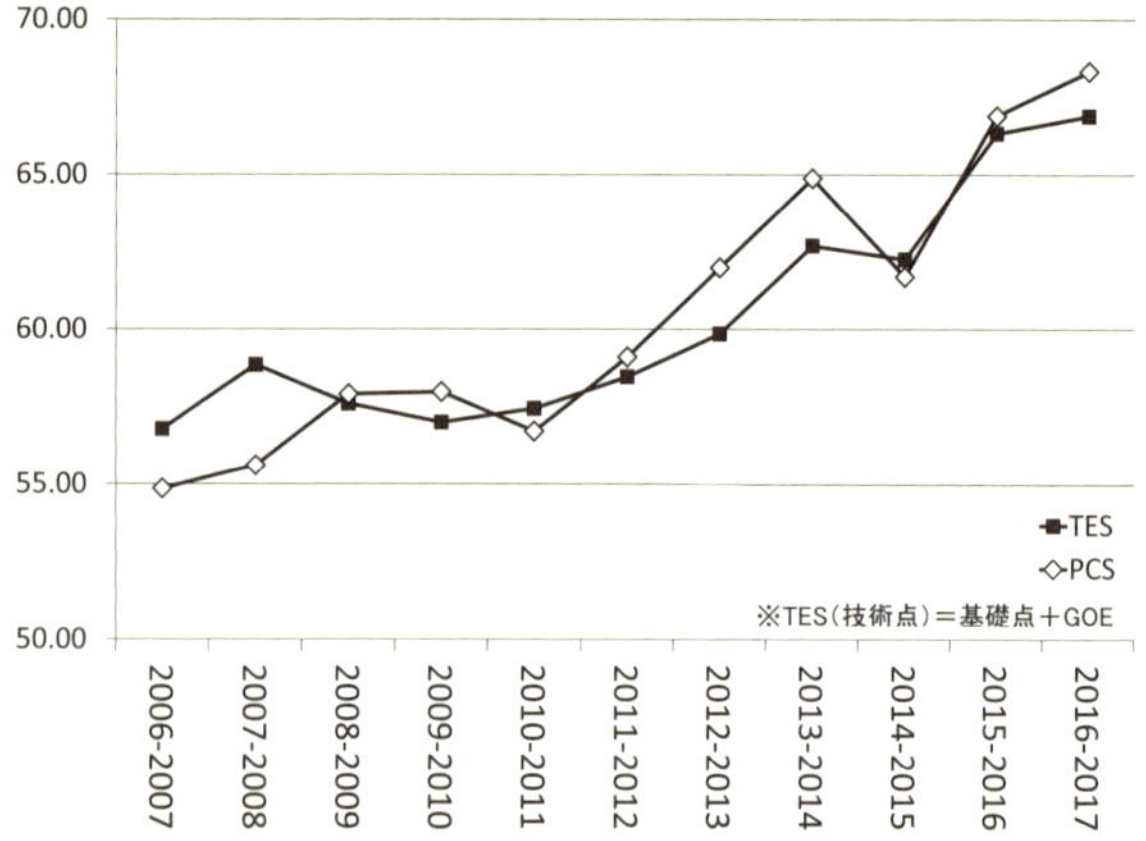

※2006-2007年シーズンから2016-2017年シーズンまで行われた、ISU公認の国際大会、女子上位3名の平均TES（技術点）と平均PCSの推移。

五輪シーズン、キムのジャンプ予定構成の基礎点は、SP、FS合わせて63・7。対する浅田は66・3。特にFSでは3・1の差があった。この差を「GOEで逆転」するオーサーコーチの戦術は前述した。

言い方を変えれば、「基礎点に頼らない、確実な技術点」の確立だ。

旧採点システムの時代、技術点（SPではrequired elements、FSではtechnical merit）と芸術点（presentation）は、それぞれ6点満点、つまり「1：1」の比率で採点されていた。旧技術点は、新採点システムでは〈基礎点+GOE〉に相当する。

新採点システムのPCSが、男女で異なる係数〈男子のSPは「1・0」、FSは「2・0」、女子の場合はSPが「0・8」、FSは「1・6」〉を掛けて算出されるのも、相対的に男子より技術点が低い女子の得点において、PCSの割合が高くならないよう配慮した結果と推測できる。

実際、表Gを見ても、2010-11と2014-15、つまり五輪シーズン翌年には、上昇したPCSを技術点に合わせるかのような「調整」がされている。

技術点とPCSの比率は〈1：1〉にしておきたいのが、ISUの総意とみて間違いないだろう。

「技術点が上がれば、それに同調してPCSも上がる。そして技術点を上げるのに必要なのは技の難易度〈基礎点〉ではなく、GOEだ」[*9]。これがオーサーコーチの戦術だった。

ターニングポイントは、バンクーバー五輪前シーズンに行われた、08年GPファイナルだったと思われる。この試合はキムにとって自国開催の、「絶対に勝たねばならない」試合だった。にもかかわらず、技術点に勝る浅田がキムを僅差でかわし、優勝した。

表H

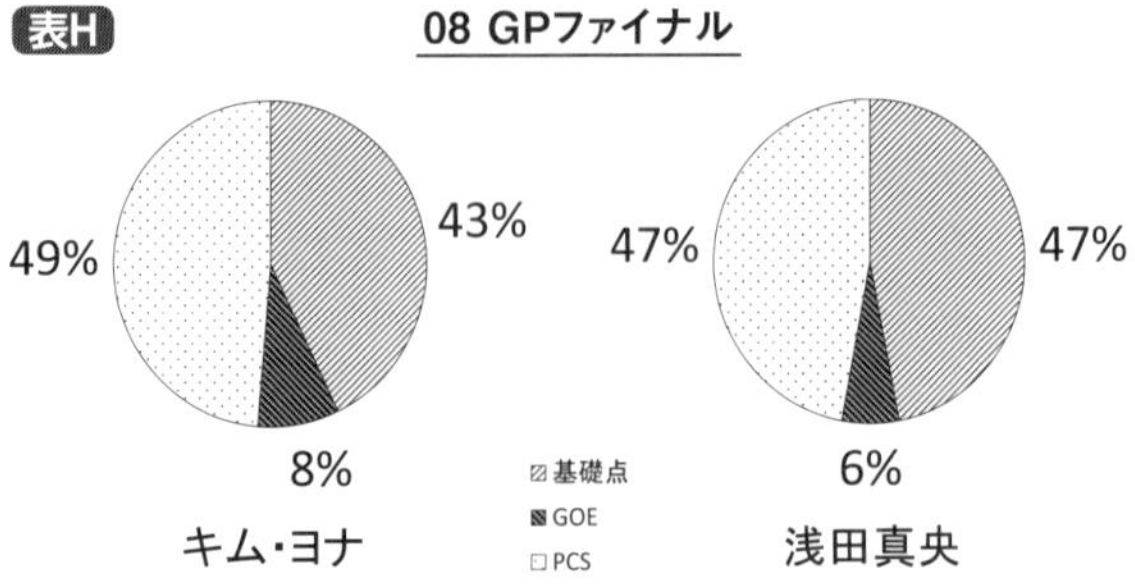

この時、総得点に占めるGOEの割合は、浅田が6%、キムが8%。PCSと技術点（基礎点+GOE）の比率は、おおよそ〔1：1〕だ。

これはあくまで推測だが、この頃すでにオーサーコーチは、基礎点とGOEの比率を、〔4：1〕、つまり「基礎点の約25%をGOEで獲得する」ことを目標としていたのではないだろうか。「PCS：基礎点（BV）：GOE＝5：4：1」というのは、「PCS：技術点＝1：1」と同義だ。

31ページの表は、08年GPファイナルの2人のSP、FSのBVとGOE、PCSをそれぞれ合計したものだ。

この仮定〔GOE＝BV×0・25〕を当てはめてみると、要素の難易度を反映する基礎点（BV）合計で浅田がキムを上回っても、キムの勝利となる。基礎点10点

08GPF	BV合計	GOE合計	PCS合計	減点	総合点
浅田(1位)	89.17	11.1	89.28	-1.00	188.55
キム (2位)	80.39	15.8	91.16	-1.00	186.35
GOE=BV×0.25と仮定	80.39	20.00	91.16	-1.00	190.55

の差は、ＧＯＥで逆転可能なのだ。

そしてその仮定は、その後の09年世界選手権、09年ＧＰシリーズ フランス杯で現実のものとなっていく。

前述の通り、このフランス大会でイ・ジヒは、こう発言していた。「キム・ヨナが２２０点台の世界最高記録で金メダルを獲得するのも夢ではない」。

当時のキムの予定構成基礎点は、ＳＰ、ＦＳを合わせて、95・80だった。

目標ＧＯＥ＝95・80×０・25＝23・95

技術点（ＢＶ＋ＧＯＥ）＝95・80＋23・95＝１１９・75

キムは09年世界選手権で、すでに１０１・12のＰＣＳを出していた。

総得点＝技術点＋ＰＣＳ＝２２０・87

イ・ジヒの「キム・ヨナが〝２２０点台〟の世界最高記録

表I　バンクーバー五輪　　09 GPS仏杯

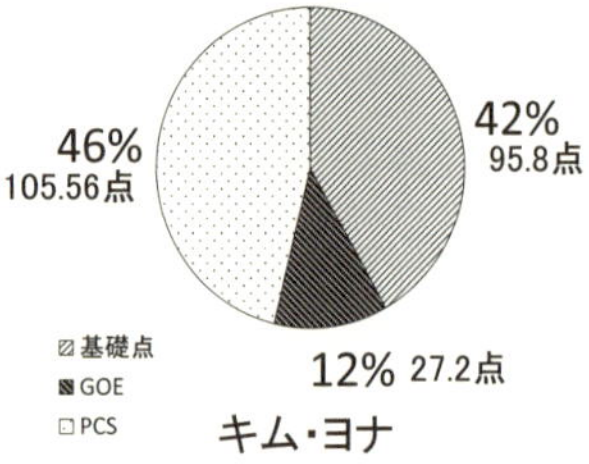

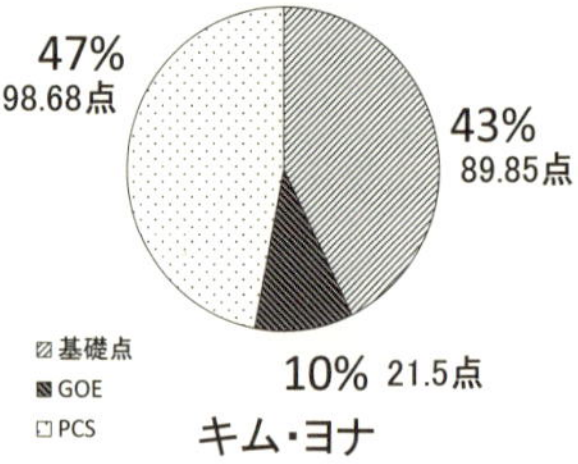

キム・ヨナ獲得点数推移

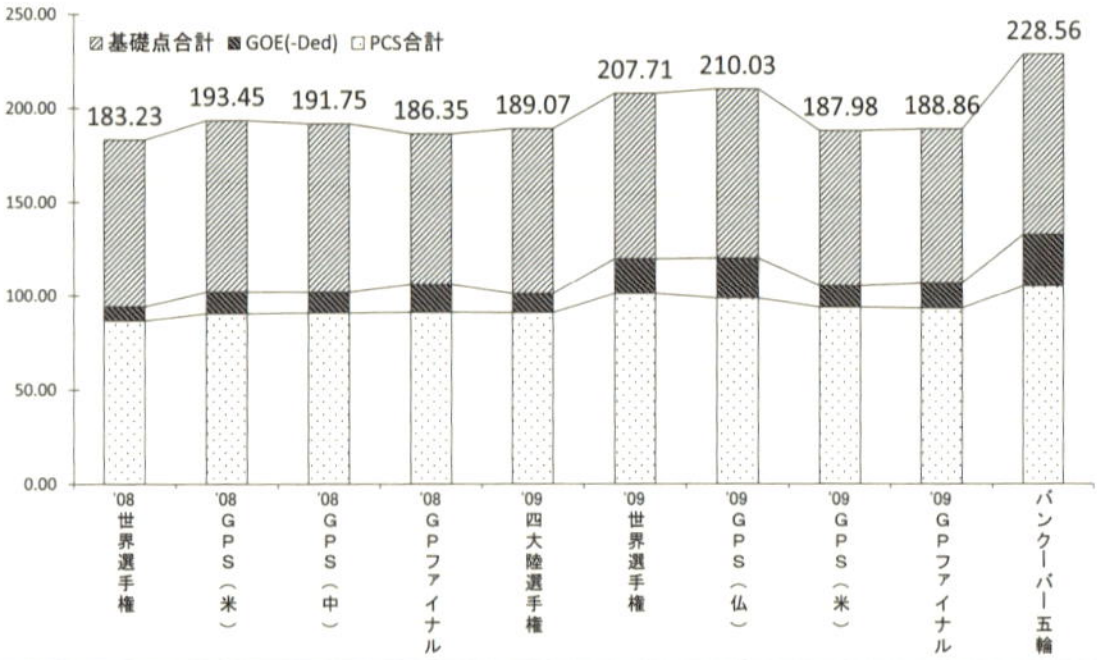

順位	③	①	①	②	①	①	①	①	①	①
基礎点合計	**89.01**	91.45	89.83	80.39	87.95	**87.79**	89.85	82.36	81.78	**95.80**
GOE(-Ded)	**7.52**	11.56	11.08	14.80	10.20	**18.80**	21.50	11.82	13.72	**27.20**
PCS合計	**86.70**	90.44	90.84	91.16	90.92	**101.12**	98.68	93.80	93.36	**105.56**

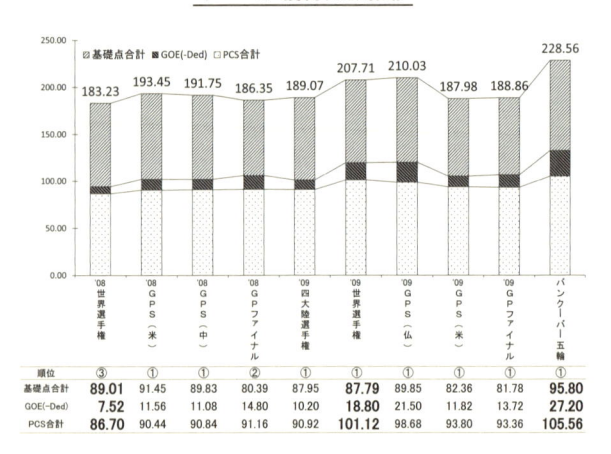

で金メダルを獲得する」という発言が、にわかに現実味を帯びてくる。オーサーコーチは、GOEを含めた技術点が100を超えれば、「PCSは101点よりも上がる」と予想していただろう。

一方で、浅田の予定構成基礎点は98・4。五輪前シーズンの平均GOEは8・82だった。

98・4+8・82=107・22

万が一、キムに迫るPCS100が出たとしても、合計は207・22。

トリプルアクセルという高難度ゆえに安定しないジャンプを実施する浅田と比べ、GOE加点を目標に据えたキムのリスクは圧倒的に少ない。これは精神的にも大きなアドバンテージだ。

勝算は最初から、キムにあった。

14年バンクーバー五輪で、キムは見事、ノーミスの演技を披露。2位の浅田に23・06の大差をつけ優勝した。SP、FSで獲得したGOEの合計は、27・20。平昌五輪でも破られることのなかった、シングル女子の最高記録である。

＊1　『毎日新聞』２００７年11月5日付

＊2　韓国『ＳＴＡＲＮＥＷＳ』２００８年11月07日付

＊3　ＩＳＵ公認の国際大会である、ＧＰシリーズ（ロシア、カナダ、中国、日本、フランス、アメリカ）6試合、ＧＰファイナル、４大陸選手権、欧州選手権、世界選手権の10試合2季分と五輪の女子シングルにおける「！」判定を集計。

＊4　現行ルールでは、90度以上１８０度未満の軽度の回転不足は、基礎点の7割の得点が与えられる。１８０度以上回転が足りない場合はダウングレードとなり、一段階下のジャンプ（3回転ジャンプならば2回転ジャンプ）の基礎点となる。

＊5　ステップ・シークエンスの「シークエンス」とは「連続の」という意味。ツイズル、ブラケット、ループ、カウンター、ロッカー、チョクトウなどのターンとステップを正確、かつ多様に組み合わせて行う。

＊6　スパイラルは、フリーレッグ（氷に接していないほうの足）を腰より高い位置に保持したまま滑る要素。フィギュアの採点がよくわからない人であっても、静止画からもポーズの難易度、柔軟性、手足の伸びやかさ、何より美しさは見て取れる。現在はＳＰ、ＦＳともに必須要素から外れている。

＊7　キム・ヨナのジャンプ基礎点合計は44・7。これに対して、男子ＦＳの最下位選手の予定構成基礎点（ＤＧなし、後半ボーナス×１・１なし、一番ＢＶの低いジャンプ抜きで計算）が49・3点だった。

＊8　『中央日報日本語版』２００９年10月19日

＊9　『チーム・ブライアン３００点伝説』２０１７年1月30日初版（講談社）より「ＧＯＥの加点と高いＰＣＳは連動しています」。

第2章　キム・ヨナ神話の崩壊

キム・ヨナ　銀メダルの衝撃

ソチ五輪女子シングルは、ロシアのアデリーナ・ソトニコワが、フリースケーティング（FS）でショートプログラム（SP）1位のキム・ヨナを逆転し、金メダルに輝いた。

この結果を不服とする韓国の大韓体育会は、加熱する世論の後押しを受け、韓国スケート連盟と連名でロシアのジャッジとスケート連盟を国際スケート連盟（ISU）の懲戒委員会に提訴。いったんはISUに受理されたが、最終的に「審判の行動に不審な点はなく、誤審も存在しない。ソトニコワの金、キム・ヨナの銀に変更はない」として棄却された。

その後、事態に変化がないまま4年が経過したが、平昌五輪開幕直前の18年1月には、元新体操選手のソン・ヨンジェがSNS上のソトニコワの金メダル写真に「いいね！」を押したことで非難が集中。謝罪に追い込まれている。

韓国国民の怒りは一向に収まってはいないようだ。

ソトニコワの金を不服とする韓国側の言い分は、大筋以下の通り。

「キム・ヨナのフリーの演技構成点（74・50点）は、ソトニコワ（74・41点）より高かった。ところが、キム・ヨナの技術点（69・69点）はソトニコワ（75・54点）より9点近く低かった（実際には5・85）」「出来栄え点（GOE）には問題があるように思われる。キム・ヨナは9・20点（実際には12・20点）を加点されたが、ソトニコワは加点だけで14・11点をさらった」「そもそも、ソトニコワの演技・構成点が、急に上がったのはおかしい」（朝鮮日報日本語版）

バンクーバー五輪後、ルール改正で変更された主な項目

・SP、FSともに、スパイラル・シークエンスがなくなり、スパイラルは必須要素ではなくなった。FSではコレオ・シークエンスの演技要素に含まれるが制約はなく、点数配分も減った。

・FSで行えるダブルアクセルが2回に制限され、[*1]基礎点も3・5から3・3に減少した（詳細は20ページ表D参照。以下同）。

・トリプルアクセルの基礎点が8・2から8・5へ。

・ショートプログラムで必須要素だったダブルアクセルが「2回転以上のアクセルジャンプ」に変更された。その結果、単独ジャンプとしてトリプルアクセルが跳べるようになった。
・GOE係数が変更され、ダブルアクセルのGOE加点の上限が3・0から1・5に引き下げられた。
・ジャンプの回転不足が、回転数の90度から180度の不足であるアンダーローテーション（UR）と、180度以上の不足であるダウングレード（DG）の2段階に分けられた。URの場合、おおよそ（回転数の基礎点×0・7）が得られるようになった。
・SPでも後半ジャンプにボーナス加点（×1・1）がつくようになった。

女王陥落の要因は、バンクーバー金メダルにあった

バンクーバー五輪当時、ジャンプの回転不足には軽度（UR）と重度（DG）の区別

表J　**予定構成リスト**

		予定ジャンプ基礎点	予定ジャンプ基礎点合計	ジャンプ構成	基礎点順位
浅田真央	SP	21.39	74.45	3A、3F、3Lo+2Lo×	1
	FS	53.06		3A、3F+3Lo、3Lz、2A+3T×、3S×、3F+2Lo+2Lo×、3Lo	
Y・リプニツカヤ	SP	19.23	65.75	3Lz+3T、2A、3F×	2
	FS	46.52		3Lz+3T、2A+3T+2T、3F×、2A+2T×、3Lo×、3S×、3Lz×	
P・エドモンズ	SP	19.03	65.53	3Lz+3T、3F、2A×	3
	FS	46.5		3Lz+3T、3F+1Lo+3S、2A、3F×、3Lz×、3Lo+2T×、2A×	
G・ゴールド	SP	19.34	65.48	3Lz+3T、3Lo×、2A×	4
	FS	46.14		3Lz+3T、2A+3T、3Lo、3F×、3Lz×、3S+2T+2T×、2A×	
ジジュン・リ	SP	19.03	64.2	3F+3T、3Lz、2A×	5
	FS	45.17		3F+3T、2A+3T、3Lz、3S+2T+2Lo、3F×、3Lo×、2A×	
A・ワグナー	SP	18.64	63.83	3F+3T、3Lo×、2A×	6
	FS	45.19		3F+3T、2A、3S、3Lo+2A+SEQ×,3Lz×、3Lo×、3F+2T+2T×	
A・ソトニコワ	SP	17.13	63.26	3T+3T、3F、2A×	7
	FS	46.13		3Lz+3T、3F、3Lo、2A+3T×、3F+2T+2Lo×、3S×、2A×	
村上佳菜子	SP	17.66	62.26	3T+3T、3F×、2A×	8
	FS	44.6		3T+3T、3Lz、3Lo、3F+2T×、3F×、2A×、3S+2Lo+2Lo×	
キム・ヨナ	SP	19.03	61.82	3Lz+3T、3F、2A×	9
	FS	42.79		3Lz+3T、3F、3S+2T、3Lz×、2A+2T+2Lo×、3S×、2A×	
C・コストナー	SP	18.13	60.48	3F+3T、3Lo、2A×	10
	FS	42.35		3Lz、2A+3T、3F、3Lo×、3T+2T×、3S×、3S+2T+2T	
鈴木明子	SP	15.03	59.64	3T、3Lz+^{3}T、2A×	11
	FS	44.61		3Lz+2T+2Lo、2A+3T、3Lz、3F×、3Lo×、3S+2T×、3S×	
K・オズモンド	SP	17.13	58.16	3T+3T、3F、2A×	12
	FS	41.03		3F+2T、2A+3T、3Lz、3S、3F×、3T×、2A+2T+2T×	

がなく、わずかな回転不足が転倒以上の減点となっていた。そのため、多くの選手が「3回転+3回転」の連続ジャンプを「回避」していた。

SP10位以内で試みたのは、キム・ヨナの他は安藤を含む3人だけ。その安藤も回転不足を取られ、FSでは回避している。結果的に、総合で5位以内に入った選手で「3回転+3回転」を認定されたのは、キムだけだった。

ルール改正後は状況が一変する。表Jを見てほしい。ソチ五輪前に有力視されていた選手の予定構成リストだ。メダル圏内と予測された選手のほとん

6種8トリプル	浅田
5種7トリプル	リプニツカヤ、エドモンズ、ゴールド、ジジュン・リ、ソトニコワ、ワグナー、村上、鈴木、コストナー
4種6トリプル	キム、オズモンド

どが、「3回転＋3回転」を入れている。「最高難度の大技」と言われた3回転ルッツ＋3回転トウループですら、もはやキムのアドバンテージではなくなっていた。

バンクーバーでの「チーム・ヨナ」の戦略は、「得意なジャンプに磨きをかけ、GOEを積み上げる」というものだった。実際、キムのダブルアクセルはトリプルループ並みの得点を稼いだが、彼女はそこで苦手なトリプルループを捨ててしまった。

その結果が上の表だ。

FSでは、全部で7回のジャンプを実施する。そのうち3回は連続ジャンプを跳んでいい。少々乱暴にいえば、上位選手には最低10のジャンプが必要だが、「3回転以上のジャンプで同じ種類のジャンプを繰り返し跳んでいいのは、2種2回まで」と決められている。

そのため、4種類の3回転ジャンプしかもたないキムは、6つしか3回転を入れられない。[*2]
フリップは踏切のエッジが怪しく（エッジエラーはほとんど取られなかったが）、ループを跳ばない彼女の選択は、得意のルッツと、サルコウもしくはトウループを2回跳ぶ選択肢しか残されていなかった。基礎点で勝るサルコウを2回構成に組み込んだ結果、キムの連続ジャンプは左記のような構成となった。

〔キム・ヨナFSの連続ジャンプ構成〕…合計基礎点22・64
・3回転ルッツ＋3回転トウループ（基礎点10・10）
・3回転サルコウ＋2回転トウループ（基礎点5・5）
・ダブルアクセル＋2回転トウループ－2回転ループ（後半ジャンプ。基礎点7・04）

〔ソトニコワFSの連続ジャンプ構成〕…合計基礎点27・48
・3回転ルッツ＋3回転トウループ（基礎点10・10）
・ダブルアクセル＋3回転トウループ（後半ジャンプ。基礎点8・14）
・3回転フリップ＋2回転トウループ－2回転ループ（後半ジャンプ。基礎点9・24）

連続ジャンプの基礎点だけで、キムとソトニコワには、4・84もの差がついていた。

さらに、ダブルアクセルの基礎点が下がり、回数も制限されたことで、キムのFSジャンプ予定構成はバンクーバーの44・05（ソチ五輪当時のルールで換算）から、ソチ五輪では42・79に下がってしまった。

「苦手なトリプルループは跳ばない選択」でも勝てた、バンクーバー五輪時代の戦略が、結果的に彼女をソチの金メダルから遠ざけたのだ。

ソトニコワのGOEは「高すぎた」のか？

ソトニコワとキムに共通する連続ジャンプ、3回転ルッツ＋3回転トウループに関しては、確かにキムのほうが幅・高さ共に優れ、スピードもあった。それは2人のGOE、1・00と1・60に、しっかり反映されている。その他のジャンプに関しては、ソトニコワのほうがジャンプ前のつなぎなど工夫が凝らされ、着氷後の流れもスムーズだった。

演技後半の3連続ジャンプの乱れは、GOEで0・9減点されている。

結果、ソトニコワが得たGOE14・11は、キムが得た12・2と比較して、特別高すぎるものではない。それぞれの演技要素の「質＝出来栄え」が高ければ、ＧＯＥが高くなるのは当然だ。

「ＧＯＥを積み重ねて勝つ」戦略は、何もキムだけの特権ではない。

急激に上がるＰＣＳは「おかしい」のか？

確かにソチ五輪シーズン、ソトニコワのＰＣＳは急激に上昇した。ＧＰシリーズ中国大会ＦＳでは60・31だったものが、フランス大会で64・65点に。欧州選手権で69・60点、さらにソチ五輪では遂に74・41点にまで上昇した。

しかし、ある特定の選手の演技構成点が急激な上昇カーブを描くのは、このシーズンが初めてのことではない。それは過去にもあった。バンクーバー五輪シーズンのキム・ヨナだ。

次ページ表Ｋ・Ｌのグラフは、ふたりの金メダリスト、それぞれの五輪シーズンとその前年度の、基礎点とＰＣＳの推移をグラフにしたものだ。

09年の世界選手権とバンクーバー五輪では、キムのＰＣＳが一気に上昇した。そして

表K バンクーバー五輪前基礎点とPCS推移（キム・ヨナ）

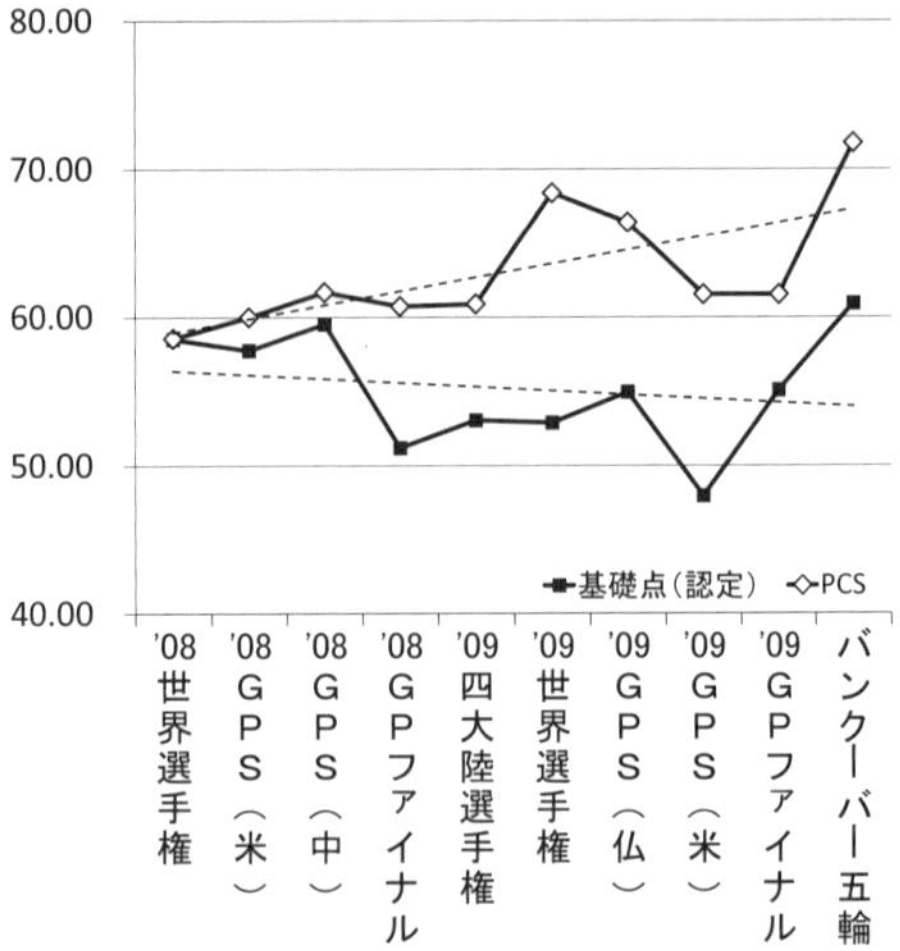

ソチ五輪シーズンにおいては、ソトニコワにも同様の現象が起こった。

キムの推移が「あり」ならば、ソトニコワのグラフに何の問題もない。というよりも、基礎点の上昇が見られないキムと比べ、基礎点の上下にPCSが同調している分、むしろソトニコワのほうが自然に見える。

韓国側の言い分としては、「ソトニコワは、演技後半の3連続ジャンプでミスをしたのに、パーフェクトな演技だったキムより得点が上回るのはおかしい」というものもあったが、それまで、転ぼうが、要素を実

表L　ソチ五輪前基礎点とPCS推移（ソトニコワ）

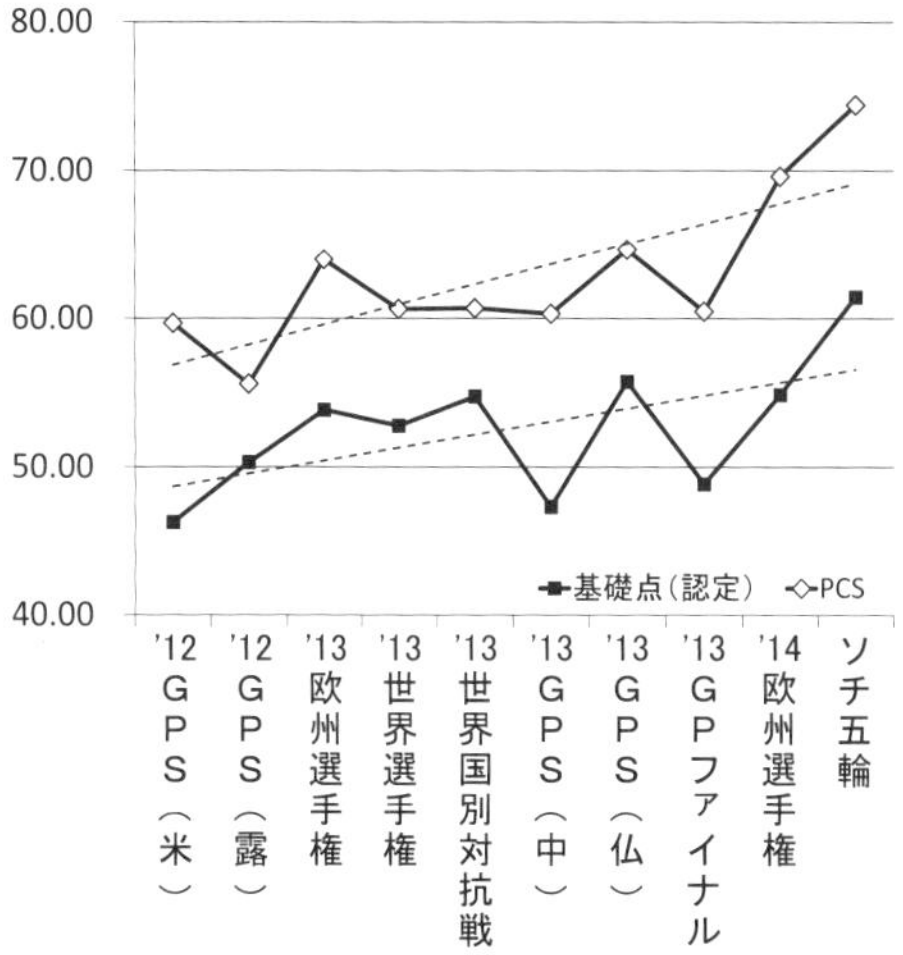

施できなかろうが、常に高いＰＣＳを維持して表彰台に上がってきたのも、やはりキム・ヨナだ。

解説者を含む日本のマスコミは、「キム・ヨナの演技には安定感がある」と繰り返していたが、実は彼女がＳＰ、ＦＳのプログラムをふたつノーミスで揃えたのは、シニアにあがって以降、バンクーバー五輪だけ。ミスの少ない選手ではない。

見方を変えれば、競技会出場の回数をできるだけ減らすことで体力を温存しつつ、「ＰＣＳが下がる可能性を回避」してきたとも言える。

表M **ソチ五輪**

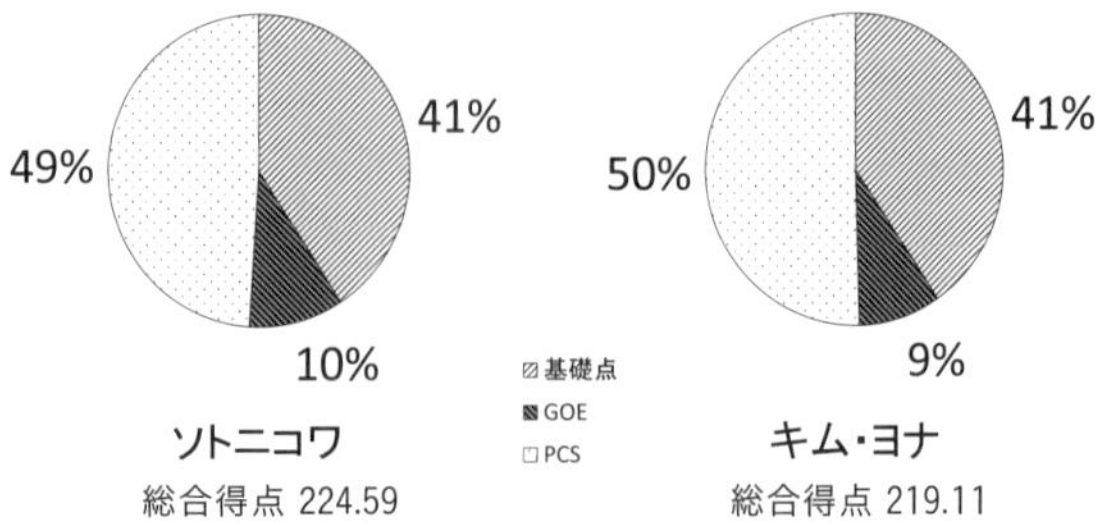

結局、ソチ五輪でキムが銀メダルとなった原因は、高いＧＯＥ加点とＰＣＳを「韓国の専売特許」として独占できなかったことに尽きる。ロシアは「韓国式」を真似たのだ。ソトニコワのＰＣＳの上昇は、ソチ五輪を見据え「ロシアが準備を重ねた」結果にすぎない。

２人が同じ土俵で採点された結果、演技構成の難易度が高い、すなわち基礎点で勝るソトニコワが勝ったのだ。

キムはジャンプの構成で劣るだけでなく、ＦＳでスピン、ステップをすべて最高レベルの４で揃えたソトニコワに対し、ステップシークエンスとスピンひとつでレベル３の判定を受けている。これでは、いくらＧＯＥで補おうとしても、限界がある。

結局のところ、今までキムが得てきたすべてのメダルが「正当」なものであると主張する限り、ソチ五輪の結果を「不正」と言うことはできない。

上位6名のPCSはふたつのグループに分かれていた

ここで、浅田真央のFSについて検証してみたい。

ソチ五輪で浅田が演じたラフマニノフのピアノ協奏曲第2番は、間違いなく女子シングル史上最高の演技だった。

技術的には、ふたつのジャンプの軽度な回転不足（UR）とルッツのエッジエラーがあったものの、女子フィギュア史上初の6種8トリプルを着氷し、スピン、ステップすべての要素を最高レベル4で揃えた。基礎点は全選手中トップ。

しかし、4年以上経った今も多くの人々の心に残る浅田の演技に対して、ジャッジは15歳でシニア2シーズン目のリプニツカヤの下、5位の評価のPCSしか与えなかった。

5項目あるPCSの各順位を見ていくと、興味深いことがわかる。

SPの得点を合わせた総合順位上位3人と、4位～6位の3人の中で、それぞれ順位の変動はあるが、ふたつのグループを超えた順位の入れ替えはひとつもない。

女子シングル上位6名PCS（FS）

	総合順位	SS※	つなぎ	演技	構成	曲の解釈	PCS
ソトニコワ	1	9.18（2）	8.96（1）	9.43（1）	9.50（1）	9.43（3）	74.41（2）
キム・ヨナ	2	9.21（1）	8.96（1）	9.43（1）	9.39（2）	9.57（2）	74.50（1）
コストナー	3	9.14（3）	8.71（3）	9.43（1）	9.21（3）	9.61（1）	73.77（3）
ゴールド	4	8.57（6）	8.25（6）	8.61（6）	8.64（6）	8.64（6）	68.33（6）
リプニツカヤ	5	8.68（5）	8.46（4）	8.68（5）	9.00（4）	8.96（4）	70.06（4）
浅田真央	6	8.75（4）	8.36（5）	8.79（4）	8.79（5）	8.86（5）	69.68（5）

（）内は順位　※スケート技術（Skating Skills）

まるで「メダル組」と「それ以外」で、あらかじめ「仕分け」されていたかのようだ。メダル組は、開催国でもある「ロシア枠」「アジア枠」「欧州枠」で１人ずつ。それ以外は、「ロシア枠２番手」と「アジア枠２番手」、そして上位に食い込めなかった「北米枠」で。

もちろんそんな仕分けがあるはずもないと願いたいが、事実、ふたつのグループは「見えない壁」で隔てられている。

例えば、スケーティングスキル（ＳＳ）について。

ＦＳで実施する３つのスピン、ステップを最高難度のレベル４で揃えたのは、出場選手中、ソトニコワとコストナー、浅田だけ。キムのスピンはひとつがレベル３構成、ステップはレベルを取りこぼしている。ジャンプの実施基礎点は全体の８位。

荒川静香日本スケート連盟（ＪＳＦ）理事（当時）は、ソチ前にカナダのパトリック・チャンを例に挙げ、こう解説している。

「チャン選手は無駄な助走が少ない。多くの選手はトップスピードに乗るまでに3歩以上のクロス・スケーティング[*3]を踏むものだが、彼はひとつのプログラムの中で3歩以上のクロスを踏むことがほとんどない。クロスの数が少ないほどスケーティングスキルの評価が高くなる」「少ないクロスでジャンプを跳ぶと、ジャンプの出来栄えも高くなる」。

しかし、キムは決してクロスの少ない選手ではない。FSで3歩以上のクロスを踏んだのは合計7回[*4]。特に3回転ルッツ＋3回転トウループの前には、6歩ものクロスを踏んでいる。ジャンプの前に3歩以上クロスを踏まなかったのは、最後のダブルアクセルだけだ。

一方、浅田が3歩以上のクロスを踏んだのは、わずか2回。トリプルアクセルの前でも2歩のクロスしか踏んでいない。

スピン、ステップ、ジャンプ、クロスの数など、プロトコルやデータには表れない、キムの技術のどこを評価して、ジャッジは出場選手中トップのスケーティングスキルをつけたのだろう。

考えられるものとしては、ソトニコワに次ぐ点数を得たＧＯＥだが、「技の出来栄えにＳＳが連動する」のであれば、スピンもステップもジャンプも、難度の高い技を実施せずにレベルを下げて、ミスのない演技をしたほうがスケーティングの技術は高いということになる。

スケーティングスキル以外についても、私自身は、少なくとも5項目のうち「表現力・芸術性」を評価する「演技（パフォーマンス）」「構成」「曲の解釈」について、浅田のＦＳには最高の評価が与えられるべきだったと、今も思っている。

果たしてＰＣＳの5つの項目は、ひとつひとつが独立して機能しているのだろうか？

「専門家」でもＰＣＳを説明できない

左ページ表Ｎはソチ五輪シーズンとその前年度の、浅田の基礎点（ＢＶ）とＰＣＳの推移を示したグラフだ。

ソチの前シーズンからの浅田の戦歴は、

２０１２―２０１３年シーズン

表N　ソチ五輪前基礎点とPCS推移（浅田真央）

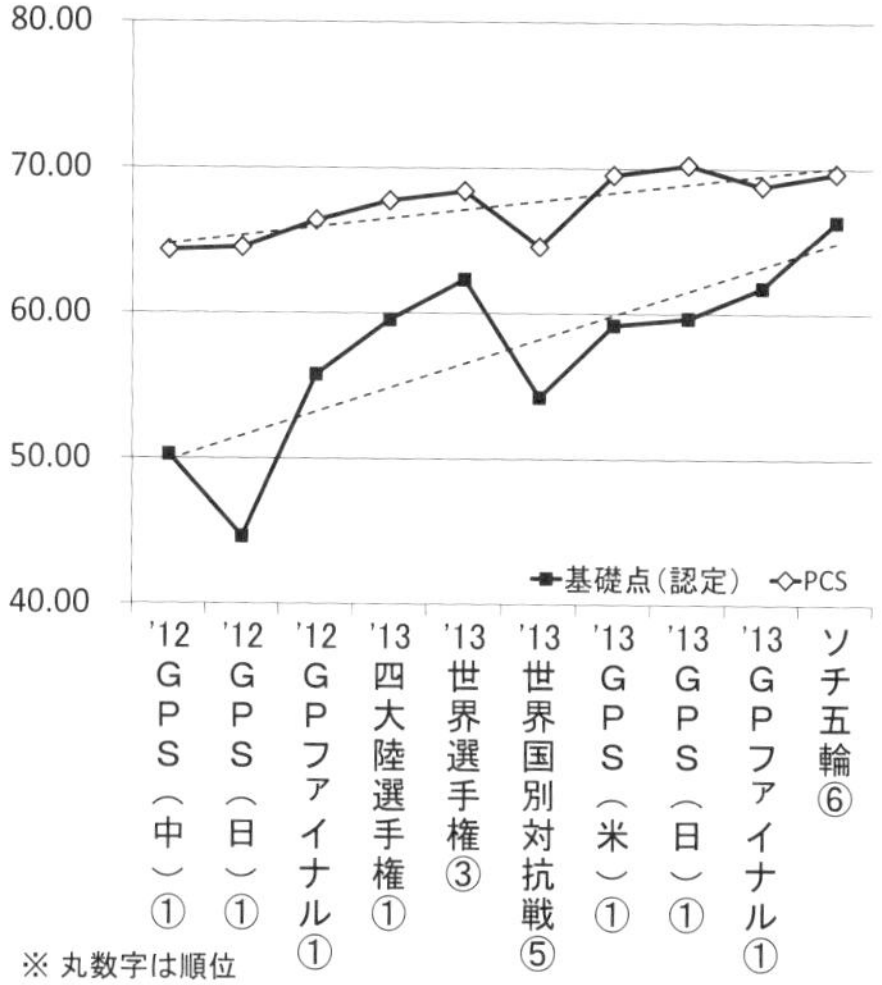

GPシリーズ中国大会1位
GPシリーズNHK杯1位
GPファイナル1位
四大陸選手権1位
世界選手権3位
世界国別対抗戦5位
2013―2014年シーズン
GPシリーズアメリカ大会1位
GPシリーズNHK杯1位
GPファイナル1位
と、堂々たるものだった。

で、あるにも関わらず。44・45ページの、キムとソトニコワ、ふたりのグラフと比べてみてほしい。

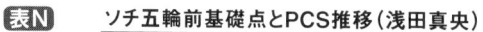

浅田のＰＣＳの上昇の、なんと慎ましやかなことか。基礎点の上昇に対し、ＰＣＳは一向に上がらない。基礎点に対してＰＣＳの上昇が著しいキムのグラフとは対照的だ。

殊に注目すべきはソチ五輪直前のＧＰファイナルのＰＣＳだ。まるで「誰かを待っている」ように足踏みをしている。

キムとソトニコワ、ふたりのＰＣＳ上昇カーブを鑑みれば、浅田のＰＣＳはＧＰファイナルで75に近づいていても、何の不思議もなかった。

ソチ五輪直前、ＧＰファイナル（優勝）で減少した浅田のＰＣＳを、シニアデビューからわずか3年目のソトニコワが欧州選手権（2位）で難なく追い越した。さらにバンクーバー五輪後、たった2回しか国際試合（Ｂ級大会は除く）にでなかったキムのＰＣＳが、ソチ五輪ではピークに達する。

ソチ五輪時、17歳だったソトニコワに対し、浅田は23歳。シニアデビューからすでに8年経っていたが、それでも尚、技術（基礎点）は向上していた。スケーティングによる表現力に関しては、バンクーバー以降、佐藤信夫コーチのもと、確実に向上していた。にも関わらず、浅田のＰＣＳの上昇カーブは、余りにも鈍い。

表O　キム、ソトニコワ、浅田の演技構成点推移

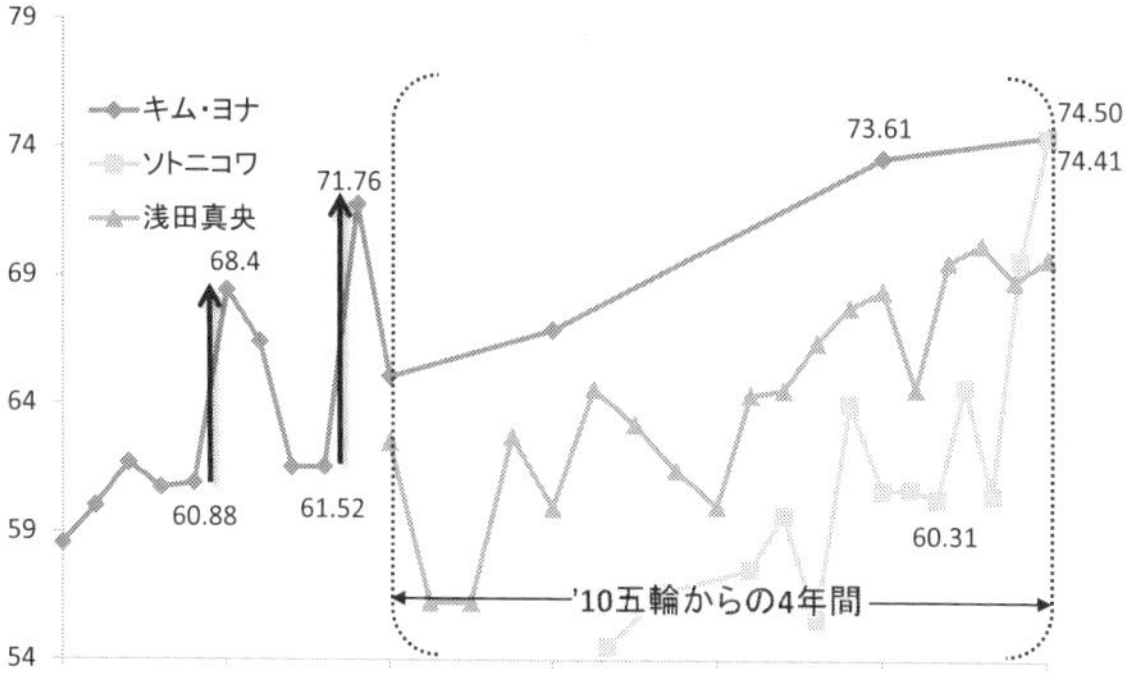

※このグラフはブログ『フィギュアスケート分析ノート』熊子氏の協力により作成した

佐野稔ＪＳＦ理事を含めた日本の解説者たちは、浅田のソチ五輪ＦＳのＰＣＳが上がらなかった理由を、「滑走順が早かったから」と口を揃えた。ならば、出場選手30人中17番目に滑ってＰＣＳ2位だったキムのＳＰを、どう説明するのか。

ＩＳＵテクニカルスペシャリストの天野真氏は、ソチ五輪団体戦のプルシェンコの演技をこう評している。

「(観客の心をつかむ魅力を見せつけるような演技には)ジャッジも我を見失って高得点を出してしまうのかもしれない」。……天野氏は「絶対評価」の建前も忘れてしまったのだろうか?

金メダリストの荒川静香氏曰く、

「ＰＣＳはシーズンを通じて安定した演技の〝積み重ね〟」。……バンクーバー五輪シーズンの後、キム・ヨナが出場した国際試合（Ｂ級大会は除く）は２試合のみ。ソチ五輪はシーズン初戦だった。

ＰＣＳについて、私自身は納得のいく説明を、今まで一度も聞いたことがない。

結局、滑走順が何番目だろうと、４年間でたった３試合しか出なかろうと、ジャッジは「高いＰＣＳを出そうと思えば出せる」し、「出す気がなければ出さない」のだ。

誰１人論理的に説明できないＰＣＳが、「絶対評価」であるはずがない。むしろ「専門家」が「その場しのぎの説明」を繰り返すごとに、実態からは遠ざかっていくばかりだ。

ジャッジの「主観」によって順位は入れ替わる

ＧＯＥは、演技パネルに選ばれた９人のジャッジによって決められる。ガイドラインがあるとはいえ、基本的にはジャッジの「主観」に委ねられている。同様に「ＰＣＳ」についても、目安となる基準は設定されているものの、こちらもほぼジャッジの「主観」によって採点されると言っていい。

つまりフィギュアの採点において、選手の〝持ち点〟とも言える客観的な得点は、「基礎点」のみだ（とはいえ、このレベル判定すら、技術審判の目視によるもので、主観を完全に排除したものではない）。

ソチ五輪ＦＳの採点詳細をみてみると、前述の通り、基礎点では浅田の66・34が次点のソトニコワ61・43に４・91の差をつけてのトップだった。ここにＧＯＥが加わり、技術点が決まる。

次ページ表Ｐの示す通り、ＦＳでのＧＯＥ加点が多い順に1位から6位まで、ソチ五輪女子シングルの総合順位と見事に一致している。

選手唯一の〝持ち点〟である基礎点に、ＧＯＥ、ＰＣＳを加味していった順位変動が、次ページの表Ｑだ。

この表に、ジャッジたちの確かな「意志」が感じられはしないだろうか？

表P　ソチ五輪FS獲得GOE

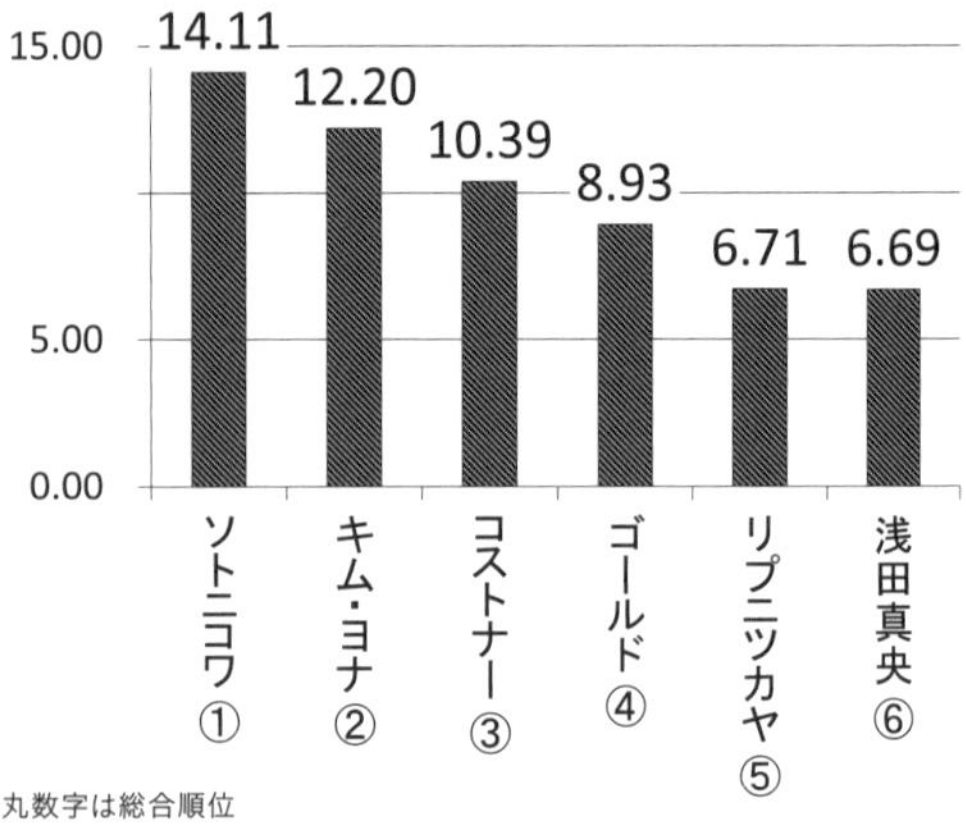

※ 丸数字は総合順位

表Q　ソチ五輪FS順位変動

順位	基礎点(認定)	+GOE	TES	+PCS	総得点
1位	浅田真央		ソトニコワ		ソトニコワ
2位	ソトニコワ		浅田真央		キム・ヨナ
3位	ゴールド		キム・ヨナ		浅田真央
4位	リプニツカヤ		ゴールド		コストナー
5位	コストナー		コストナー		ゴールド
6位	ワグナー		リプニツカヤ		リプニツカヤ
7位	エドモンズ		エドモンズ		ワグナー
8位	キム・ヨナ		ワグナー		鈴木明子
9位	鈴木明子		鈴木明子		エドモンズ
10位	マルケイ		マルケイ		マルケイ

※TES(技術点)

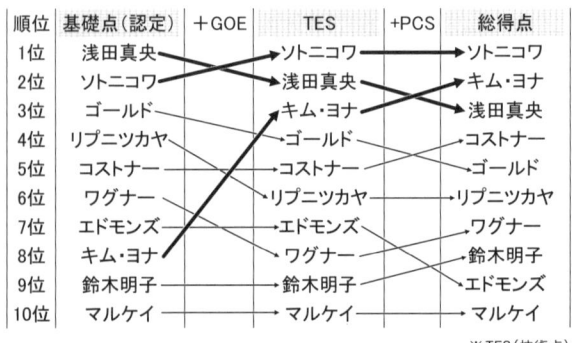

ＩＳＵ会長による「騒動の予兆」

実は、フィギュアスケート女子シングルについては、競技前から騒動の予兆はあった。ソチ五輪当時、国際スケート連盟（ＩＳＵ）会長だったオッタビオ・チンクアンタ氏が、韓国「中央日報日本語版」[*5]のインタビューに答え、驚くべき発言をしていたのだ。

「キム・ヨナでなければ誰が金メダルを取るというのでしょう？　私は金メダルはキム・ヨナだと確信している。賭けますか？」

さらにこんな言葉も続く。

「真央もとても素晴らしい選手だが（度胸の面で）少し惜しい点がある」

「リプニツカヤは新進気鋭の素晴らしい選手だが、現時点ではキム・ヨナ選手に（金メダルの）可能性が大きいと見ている」。

サッカーでも、体操でも、他のどんな競技でもいい。「中立」の立場を貫くべきはずの国際連盟のトップが、特定の選手の名前を挙げて金メダルを予告する。こんなことが起こりえるだろうか？　しかし、フィギュアスケートは、こんな異常事態がマスコミに糾弾されることもなく「通常運転」としてまかり通る世界だ。
チンクアンタ会長はご丁寧にも、記者が韓国人だからそのように言うのではないかと尋ねられ、「本心です」と笑って答えたそうだ。

そもそも五輪開催中、チンクアンタ会長が韓国人記者以外から、個別のインタビューを受けたという報道はない。日本からはマスコミが大挙して押しかけたはずだが、彼らはＩＳＵ会長にインタビューを申し込まなかったのだろうか。あるいは、申し込んでも断られたのか。

チンクアンタ会長の発言に同調するかのように、国際オリンピック委員会（ＩＯＣ）は競技の前日、公式ホームページで「It's Yuna time!」というタイトルの特集を組んだ。*5 キム以外の選手は「主役」を引き立てるための「脇役」とでも言わんばかりだ。

さらにもうひとつ、記さねばならない。ＩＳＵ公式ホームページの「Latest News」は、ソチ五輪後、フィギュアスケートの男女シングル、ペア、アイスダンスの競技結果とともに、６枚の写真を掲載していた。

１枚目は、女子シングルメダリスト３人を超遠景で撮ったもの。そして２枚目は……

女子シングル銀メダリストのキム・ヨナ（韓国）。３枚目は、アイスダンスのメダリスト６人。４枚目はアイスダンスの金メダリスト２人（アメリカ）。５枚目に、男子シングルのメダリスト３人、６枚目は男子金メダリスト・羽生結弦。これがすべての写真だった。

そもそも、ペアのメダリストたちの写真が一枚もないことがおかしい。さらに、女子シングル優勝者の写真がないというのも不可思議だ。ペアの優勝者と女子シングルの優勝者、さらにはフィギュア団体の金メダリストたち……つまり、「ロシア人選手はいなかった」かのようだ。これがカナダ人でありＩＳＵ副会長、デビッド・ドレ氏（当時）の、ロシアに対する「意思表明」だったのだろうか。

＊１　現行ルール（２０１８年10月現在）では、「2回転以上のジャンプで、同じ種類を跳んでいいのは2回まで」となっている。

＊２　ソチ五輪ＦＳでキム・ヨナと同じ4種6トリプルとなった上位選手は、8位の鈴木明子と10位のヴァレンティナ・マルケイ。２０１４年ジュニアワールドＦＳでは上位6位までが5種7トリプル。

＊３　２０１４年1月14日放送、日本テレビ『news every』。クロスとは、左右の足を交差させて踏み出し加速する、いわゆる「漕ぎ」の動作。「クロス数が少ないほどスケーティングスキルの評価が高くなる」とは、あくまで荒川氏の私見であり、ＩＳＵのルールブックに明文化されたものではない。とはいえ、少ないクロスでトップスピードに乗るためには卓越したスケーティング技術が必要。またクロスが多いと必然的に「つなぎ」は薄くなる。

＊４　キム・ヨナがＦＳで3歩以上のクロスを踏んだのは、①３Ｌｚ＋３Ｔの前（バッククロス6歩）、②３Ｆの前（バッククロス３歩）、③３Ｓ＋２Ｔの前（バッククロス３歩）、④３Ｌｚの前（フォアクロス３歩）、⑤２Ａ＋２Ｔ＋２Ｌｏの前（バッククロス３歩）、⑥３Ｓの前（バッククロス３歩）、⑦コレオ・シークエンスの前（バッククロス３歩）。浅田は、①３Ｆ＋３Ｌｏの前（バッククロス３歩）、②３Ｌｚの前（バッククロス３歩）。トリプルアクセルの前は、フォアクロス2歩のみ。

＊５　「中央日報日本語版」２０１４年02月18日

＊６　ＩＯＣ制作の「It's Yuna Time」特集は、動画も含め、現在（２０１８年10月現在）も閲覧可能。
https://www.olympic.org/news/it-s-yuna-time

第3章　フィギュアスケートの採点はわかりにくい？

フィギュアの採点を理解するキーワードは4つ

現在の採点システムは「国際フィギュアスケート連盟（ＩＳＵ）ジャッジングシステム」と呼ばれ、原文はＩＳＵの公式サイト、日本語訳は日本スケート連盟（ＪＳＦ）の公式サイトで、「ジャッジングシステム テクニカルパネル ハンドブック」[*1]及び、「ＩＳＵコミュニケーション」として公開されている。

この採点システムが正式に導入されたのは２００４－05年シーズンから。２年に１度開催されるＩＳＵ総会で見直され、特に五輪シーズン後は大きな改正が行われることが多い。平昌五輪後、２０１８年６月の改正は、バンクーバー五輪以来の大幅改正となった。

ルール改正がもたらす影響については第4章で後述するとして、ここではフィギュアの採点の基本について、ざっくりと説明したい。

シングルスケーティングの競技は、ショートプログラム（ＳＰ）とフリースケーティング（ＦＳ）、２つのプログラムが実施され、その総合得点によって勝敗が決まる。

ＳＰの演技時間は男女ともに2分40秒±10秒以内で、実施するジャンプの数や内容が規定されている。一方、ＦＳは４分±10秒（昨シーズンまでは男子のみ４分30秒±10秒以内）。演技要素の上限に規制はあるものの、文字通り「自由度の高い」プログラムとなっている。

得点は、おおよそ１：２の比率でＦＳが大きい。時間が長い分、要素も多いため、ＳＰがノーミスでもＦＳで崩れてしまい、結果リードを守り切れず順位が逆転することも多いのは、このためだ。

採点を理解するための重要なキーワードは４つ。「技術点」「基礎点」、「出来栄え点（ＧＯＥ）」、「演技構成点（ＰＣＳ）」。

（以降、出来栄え点を「ＧＯＥ」、演技構成点を「ＰＣＳ」と記す）

選手が実施するジャンプ、スピン、ステップ等（演技要素＝エレメントと呼ばれる）は、ひとつひとつが難易度によって「基礎点」

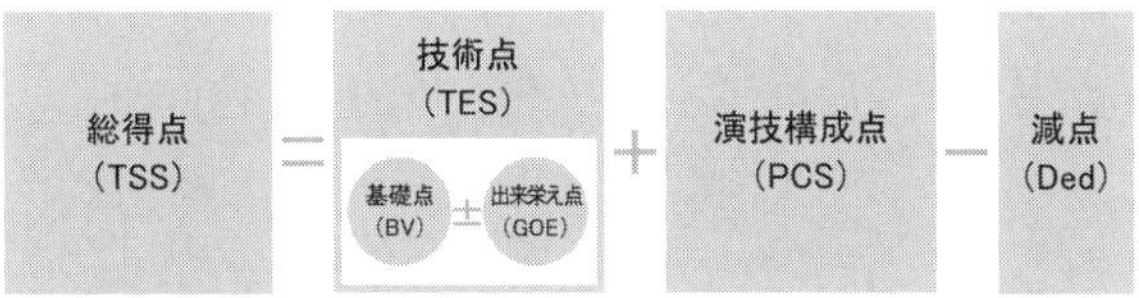

が決められている。

この「基礎点」に、要素の出来栄えを評価した「GOE」が加点されたものが、「技術点」だ。「ＧＯＥ」はルール改正で「±5」の11段階（昨シーズンまでは7段階）となり、「1段階が基礎点の10％」で増減することになった。

つまり、基礎点が9・5の4回転トウループなら、「ＧＯＥ＋1」は基礎点の10％に相当する＋0・95が与えられる。従って「ＧＯＥ＋3」であれば、基礎点の30％（2・85）が加算され、計12・35となり、4回転ルッツの基礎点11・5を超える（20ページ表D参照）。反対に出来栄えが悪ければ、「技術点」は「基礎点」を下回る。

競技会のプログラムでは、決められた数の演技要素を順番に実施し、得点を積み上げることで、「技術点」が決まる。

もうひとつのキーワードである「ＰＣＳ」は、いわゆる表現力やスケーティングの巧みさを判定するものとされている。

選手の得点は、「技術点」と「ＰＣＳ」の合計から、転倒や違反行為（演技時間の過不足など）が減点され、決定するのだ。

ＳＰのジャンプは自由度が低い

フィギュアスケートを象徴するエレメンツと言えば、やはりジャンプだ。種類と回転数とによって基礎点が決められ、得点に占める割合も大きい。ジャンプを正確に跳ぶことが勝敗を分けると言っていい。

ＳＰでは、実施すべき３回のジャンプが以下の通り規定で定められている。

- ３回転以上の単発ジャンプ
- ３回転以上＋２回転以上の連続（コンビネーション）ジャンプ
- ダブルもしくはトリプルのアクセルジャンプ

一見ノーミスのようでも、２回転になってしまった単発ジャンプは無得点に。シングルアクセルも無得点。連続ジャンプを実施できなかった場合、「要件を満たさなかった」として、ＧＯＥは必ずマイナス５の評価を受ける（結果として基礎点は半分に）。

これがＦＳであれば、連続ジャンプがなくとも減点にはならないし、咄嗟に構成を変え、残りのジャンプにセカンド（ふたつ目のジャンプ）をつけてコンビネーションにすることも可能だ。しかしＳＰではジャンプは３回しか跳べないので、リカバリーは難しい。

ＳＰを苦手とする選手がいるのも、規制が多く「ミスができない」という緊張感からくるものだろう。

ＦＳは「リカバリー」が勝負を分ける

ＦＳにおけるジャンプは、種類や回数に制限が設けられている。

・ジャンプは7回まで（2017～18シーズンまでは男子は8回）。そのうち3回まではコンビネーションにすることができる。
・連続ジャンプ3回のうち1回のみ、3連続ジャンプにできる。
・アクセルジャンプは必須

・同じ（同種類かつ同回転）ジャンプを2回跳んでいいのは2種類まで（ルール改正により、4回転ジャンプに関しては繰り返しは1種類のみに。詳しくは第4章で）。
・3回転以上の同じジャンプを2回跳ぶ場合、少なくともひとつはコンビネーションにしなくてはいけない。

トップ選手の場合、大きな得点源となる連続ジャンプは、回数の上限までプログラムに組み込んでいる。従って、連続ジャンプを2回しか実施しなかったり、3連続ジャンプがない場合、「本来取るべき得点を取りこぼしている」ケースが多い。

ややこしいのは、通称ザヤックルールと呼ばれる「同じ種類のジャンプを2回跳んでいいのは2種類まで」という規定だ。この規定違反は、選手が予定通りのジャンプが跳べなかった場合によく起こる。

例えば、〔3回転ルッツ＋3回転トウループ〕と〔3回転フリップ＋2回転トウループ＋2回転トウループ〕の連続ジャンプを予定していたとする。最初の連続ジャンプのセカンドに3回転トウループをつけられず2回転トウループになってしまった場合、3

連続ジャンプは回数制限に触れないよう、2連続ジャンプまでで止めておくか、2回転トウループをひとつ、ループに変更する必要がある。

このリカバリーに失敗して2回転トウループを3回跳んでしまうと、最後のジャンプは無効となりカウントされない。

さらに、3回転以上の同じジャンプを2回跳ぶ場合、少なくともひとつは連続ジャンプにしなければいけない、というルールもある。2回とも単発になった場合、2つめのジャンプの基礎点は7割となり、GOEもマイナス評価になる。

選手は何食わぬ顔で演技を続け、もっともダメージが少ない（得点が高い）方法でリカバリーを試みるため、よほどフィギュアを見慣れていなければ、「失敗」とは認識できない。そもそも、ジャンプの種類を見分けられなければ違反に気づけないので、「見た目ノーミスなのに得点が低い」という感想になってしまうのだ。

「ジャンプの組み合わせの難易度」は評価の対象とならない

この他、SP、FSに共通するルールとしては、「プログラムの後半で跳ぶジャンプは基礎点が１・１倍になる」というものがある（ルール改正については第４章で）。

体力的に厳しいプログラムの後半でのジャンプはリスクも高まる。これはその「難易度の高さ」を評価したシステムといえるだろう。

とはいえ、実施の難易度が常に評価の対象になるとは限らない。例えば、連続ジャンプは各ジャンプの基礎点を足して計算されるが、この際、ジャンプの「組み合わせによる難易度」は考慮されない。

バンクーバー五輪女子シングルでは、浅田真央が実施した「トリプルアクセル（当時のルールで８・２）＋２回転トウループ（１・３）」の連続ジャンプ（合計９・５）より、キム・ヨナの「３回転ルッツ（６・０）＋３回転トウループ（４・０）＝合計10・０」のほうが基礎点が高かった。

シニア女子では18年に紀平梨花が成功（セカンドジャンプが３回転トウループ）させるまで、浅田しか跳べなかったトリプルアクセルからの連続ジャンプと、女子のトップ選手の多くが実施するトリプルルッツからの連続ジャンプ。単純に考えれば前者のほうが難しいように思われるが、これが現状だ。

ジャンプの回転不足とは？

ジャンプの回転不足について、「ジャッジングシステム テクニカルパネル ハンドブック」には以下のように記されている。

90度以上180度未満の回転不足……アンダーローテーション（UR） 180度以上の回転不足……ダウングレード（DG）

90度以上180度未満の軽度の回転不足は、プロトコル（採点表）に「<」のマークが記載され、基礎点は約7割に。180度以上回転が足りない場合は、一段階下のジャンプ（3回転ジャンプならば2回転ジャンプ）の基礎点となる。マークは「<<」。

なかなかイメージしづらいが、『日経新聞（2011年11月11日付）』に掲載された記事「フィギュア、『回転不足』って何なのか」で、ISU理事（当時）の平松純子氏は次のように解説している。

ジャンプとは「踏み切る足のブレード（スケートの刃）が氷から離れた瞬間から、着氷する足のブレードが氷に着くまで」をいう。ジャンプを見る際、ブレードが氷を離れた時点を覚えておき、どの角度でブレードが着氷したか、を基準に判断すればいい。

この解説を、次ページに簡単な図表Rで表してみた。

図上の離氷点と着氷点を結ぶ直線が、そのジャンプの「回転数」を判断する基準線となる。着氷時のエッジの向きと基準線が交差する角度が90度以内であれば、ジャンプは「認定」される。

ただし、ここがフィギュアのジャンプの難しさなのだが、空中できっちり100％回りきって下りてくると、遠心力に振られ回転を止めきれない。多くは勢い余って着氷が乱れてしまう。従って、たとえ認定されたジャンプであっても、厳密には必ず「非常に軽度の回転不足」で降りてきて、カーブを描きながら回転の勢いを緩和する。

選手たちは「回り過ぎると着氷が乱れ」、「90度以上の回転不足はアンダーローテーション」という本当に狭い範囲で、ピンポイントの着地を狙ってジャンプを跳んでいるのだ。

図表R

回転不足の判定基準

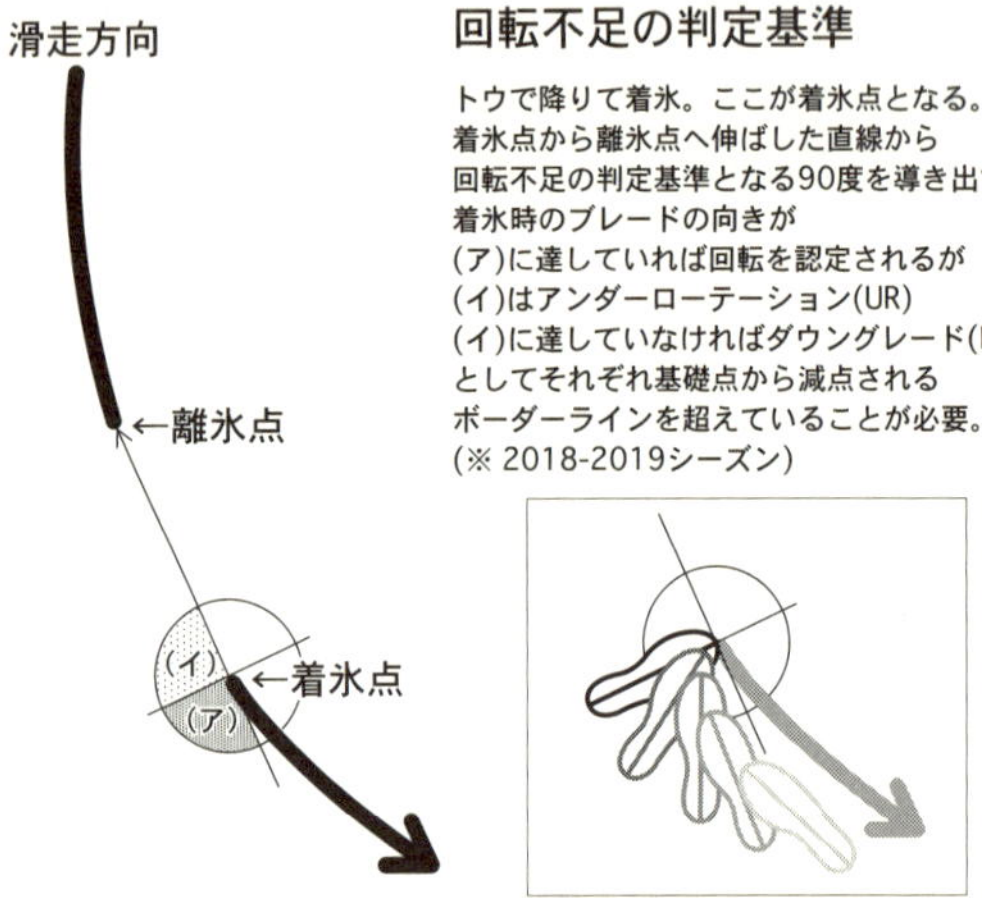

トウで降りて着氷。ここが着氷点となる。
着氷点から離氷点へ伸ばした直線から
回転不足の判定基準となる90度を導き出す。
着氷時のブレードの向きが
(ア)に達していれば回転を認定されるが
(イ)はアンダーローテーション(UR)
(イ)に達していなければダウングレード(DG)
としてそれぞれ基礎点から減点される
ボーダーラインを超えていることが必要。
(※ 2018-2019シーズン)

※スケーターは図上部から下方向に向かって滑ると仮定。
※以下、説明はすべて、反時計回りにジャンプを跳ぶ選手を例とする。

当然、フィギュアの経験がなかったり、日常的にジャンプを見慣れていない人間の目では、「回転不足か否か」の判断は難しい。

一方で、転倒したジャンプは見た目にわかりやすいため、単純に「失敗」と捉えられがちだが、得点がゼロになるわけではない。きっちり回りきったと認定されれば、基礎点はそのままもらえる。

出来栄えの悪さから「ＧＯＥ」でマイナスされ、さらに転倒による減点（マイナス1）があったとしても、「回転不足」としてダウングレードされたジャンプよりも、結果的に得られる得点は高いこともあった。

やや乱暴な言い方にはなるが、
・見た目ほど得点的なダメージが少ないのが、回りきって転倒したジャンプ
・見た目以上に得点的なダメージが大きいのが、回転不足のジャンプ
という結果になることも多かった。

そのため、以前は「転んでも高得点」になる演技がしばしば見られたが、2016-17シーズンから転倒による減点のルールが変わった。従来は1回の転倒につき1点の減点だったものが、改正により転倒回数が多くなるほど、減点の配分が大きくなったのだ。1回転倒で1点減点、2回転倒の2点減点は同じだが、3回転ぶと4点、4回転ぶと6点、5回転ぶと9点も引かれることになった。

理由は、「高難度のジャンプは基礎点が高いため、成功率が低くても（転倒の確率が高くても）基礎点稼ぎのためにアプローチする選手が多く、プログラム全体の完成度が軽視される」のを防ぐため」。

さらに今回のルール改正で、たとえ「廻りきったジャンプ」であっても、転倒はGO

Eでマイナス5の評価となることが決まった。最終的なGOEはプラス要素も含めて判定されるため、〔転倒＝GOEマイナス5（基礎点の半分）〕とは限らないが、「転んでも高得点」というフィギュア採点のわかりにくさが、多少なりとも解消されるかもしれない。

エッジエラー＝踏み切り違反

エッジエラーとは、「ジャンプの踏み切りの際、軸足の正しいエッジに重心が乗っていない」との判定を指す。

これを理解するためには、6種類のジャンプの違いを頭に入れておかなくてはならないが、ここではまず、エッジエラーの判定が得点にどう影響するのかについて説明する。

エッジエラーには2種類あり、プロトコル上で軽度のエラーには「！」、重度のエラーには「e」のマークが記され、区別されている。

軽度のエラーはGOEで減点されるだけだが、重度のエラー「e」判定を受けると、ジャンプの基礎点が約7割になったうえに、GOEでもマイナスされる。

例えば「3回転ルッツ」の「e」判定の場合、基礎点は5・9から4・43に下がり、さらにGOEマイナス3の評価であれば、得点は3・1まで下がってしまう（最終的なGOEはプラス要素も含めて判定される）。

2回転ルッツの基礎点は2・1。3回転を跳んだメリットがほとんど得られないので、エッジエラーも「見た目以上に得点上のダメージが大きい」判定と言える。

PCSは5つの視点で評価される

「PCS」は、「スケート技術」「要素のつなぎ」「演技」「構成」「曲の解釈」という5つの項目に分かれており、それぞれが10点満点の減点方式で採点される。つまり、満点は50点。

この5項目の合計に、男子ならSPは「1・0」、FSは「2・0」、女子の場合はSPが「0・8」、FSは「1・6」の係数を掛けたものが、PCSの得点になる。この掛け率は荷重係数（Factor）と呼ばれ、一般的に男子の総得点が女子と比べて高くなる理由のひとつともなっている。

「スケート技術」では、スケーティングそのものの能力が総合的に判断される。「つなぎ」とは、ジャンプやスピンなど、すべての演技要素をつなぐステップやターンなどのフットワークを含めた動作のこと。フットワークだけでなく、イナバウアーやスパイラルなど、ひとつの姿勢を保ったままでのスケーティングや、重心移動を伴う上半身の大きな動きなども評価対象だ。すべての演技要素を途切らすことなく、一連の流れの中で実施する（つなぐ）ことで、その選手の表現力が評価されるのだ。

「演技」「構成」「曲の解釈」については大まかに、それぞれプログラムの世界観を表現するための「演技力」、「全体のバランスや完成度」、「音楽との融合性」を評価している。

ＰＣＳは「表現力や芸術性に対する評価」という捉え方をされがちだが、フィギュアスケートであれ、バレエであれ、豊かな表現力は高い技術の裏付けがあってこそ。溢れ出るような情感を表現するためには、「多種多様な身体表現の手段」、つまり優れた技術が必要となる。だからこそ、スケーティングの技術に関わる部分は「表現力」、つまりＰＣＳの一部として評価されるのだろう。

採点はどのように行われるのか

フィギュアの採点は、「技術パネル」と「演技パネル」と呼ばれる、ふたつの審判団によって行われる。

「技術パネル」は技術スペシャリスト[*2]、アシスタント技術スペシャリスト、技術コントローラーの3人で構成される。ジャンプの回転不足やエッジエラー、スピンやステップ・シークエンスのレベル認定を行うのが、彼ら技術パネルの仕事だ。

基本的には、要素の判定は技術スペシャリストが行うが、その判定に疑問がある場合、アシスタント技術スペシャリストが再考の「レビュー」を要求する。映像を再確認しても2人の意見が食い違ったときには、最終的に技術コントローラーを加えた3人の多数決で判定が決定される。

ごく大雑把に言えば、「演技要素を正しく（どのレベルで）実施できたか」を判定するのが、技術パネルの役割だ。

「演技パネル」は、国際大会では9人で構成される。ジャンプやスピン、ステップ・シークエンス、コレオグラフィック・シークエンス[*3]の出来栄え、つまり「質」を「GOE」として評価するのが、彼らの役割だ。「PCS」も演技パネルが判定する。「GOE」と「PCS」の点数は、演技パネル9人のうち、最高点と最低点、それぞれ1人ずつをカットして、7人の平均値が得点に反映される。

つまり、1人だけ突出して高い（あるいは低い）評価点をつけても、得点には反映されない仕組みとなっているのだ。

ジャンプは全部で6種類

最後に、ジャンプの種類と跳び方について簡単に。

フィギュアの要素として認定されるジャンプは全部で6種類。難易度（基礎点）の高い順番に、アクセル、ルッツ、フリップ、ループ、サルコウ、トウループとなる。

「ジャンプの見分けかたチャート」を、ご参考まで。

ジャンプの見分け方チャート

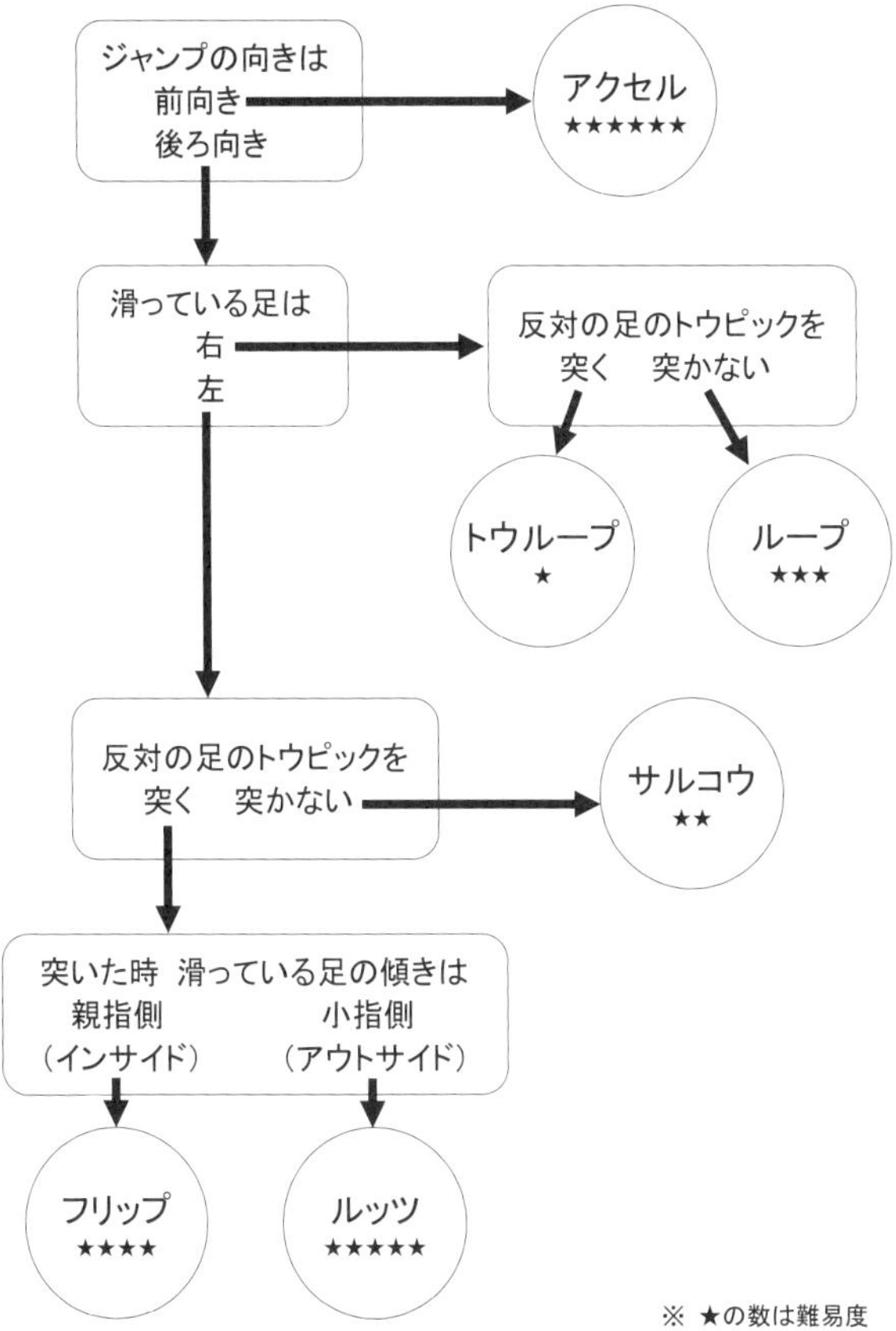

※ ★の数は難易度

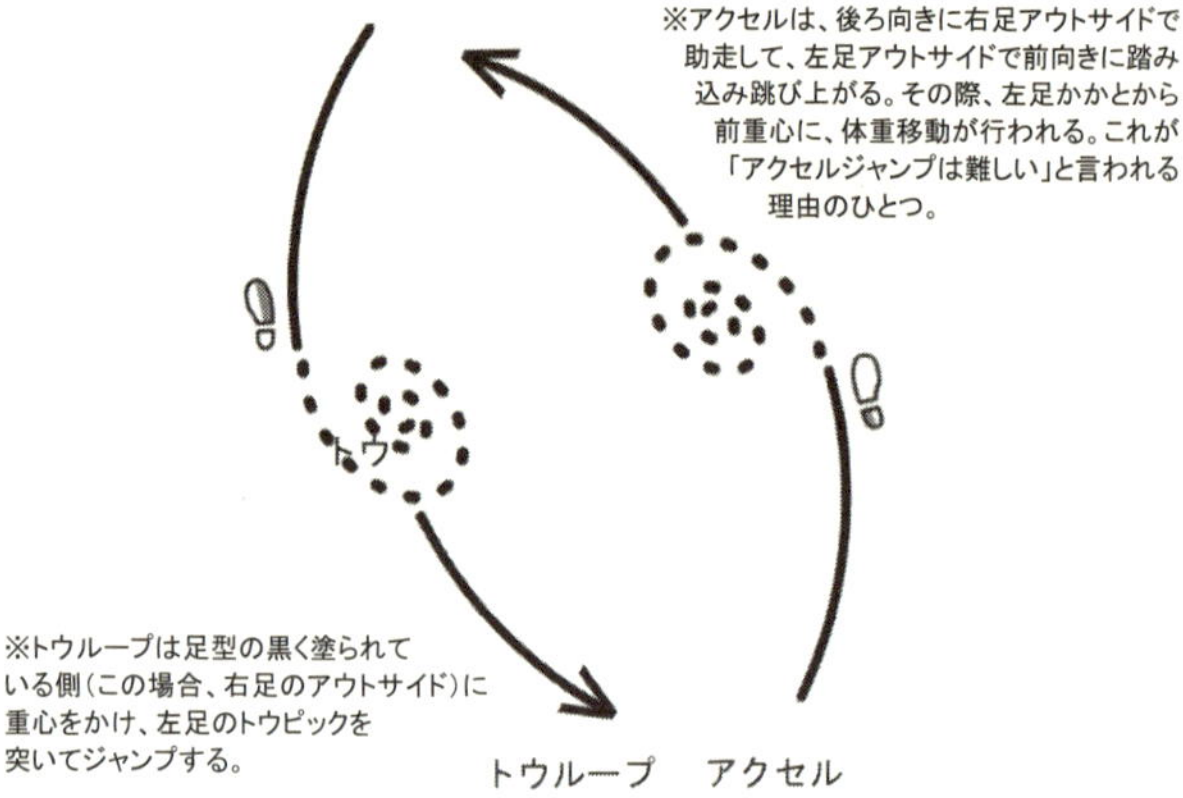

※アクセルは、後ろ向きに右足アウトサイドで
助走して、左足アウトサイドで前向きに踏み
込み跳び上がる。その際、左足かかとから
前重心に、体重移動が行われる。これが
「アクセルジャンプは難しい」と言われる
理由のひとつ。
トウ
※トウループは足型の黒く塗られて
いる側（この場合、右足のアウトサイド）に
重心をかけ、左足のトウピックを
突いてジャンプする。
トウループ
アクセル

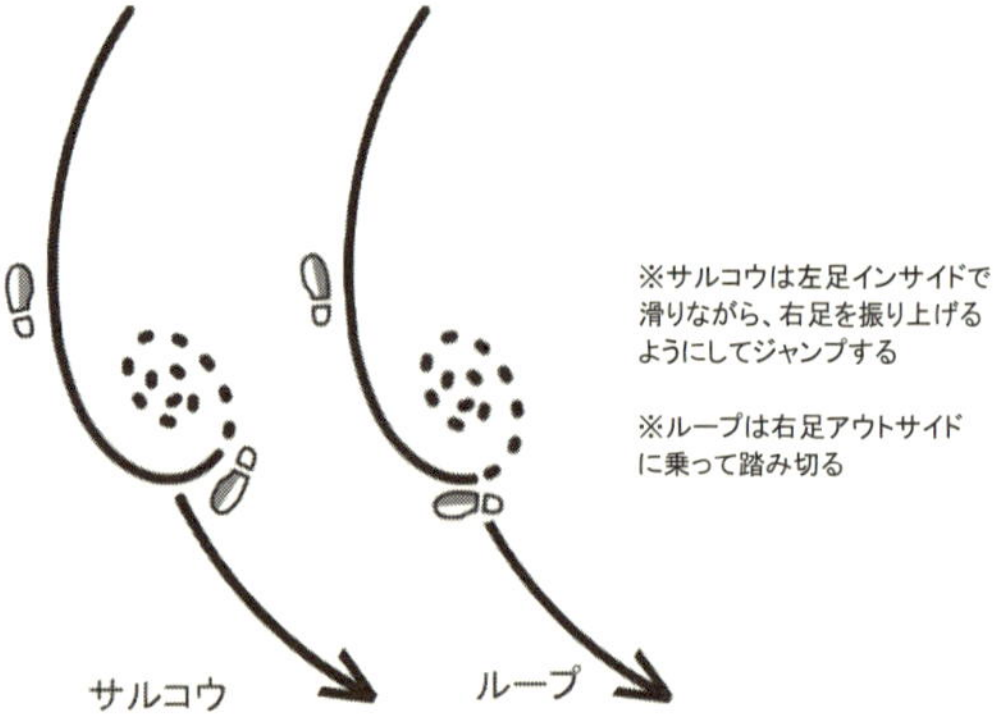

※サルコウは左足インサイドで
滑りながら、右足を振り上げる
ようにしてジャンプする
※ループは右足アウトサイド
に乗って踏み切る
サルコウ
ループ

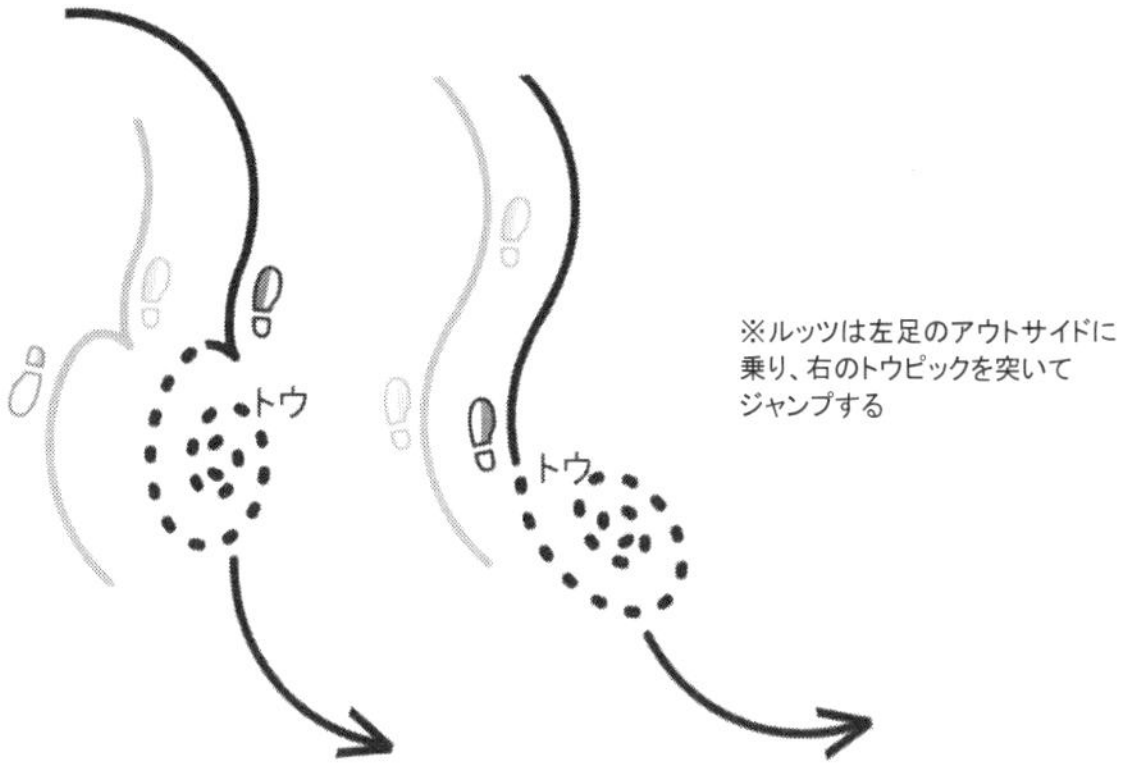
トウ
トウ
※ルッツは左足のアウトサイドに
乗り、右のトウピックを突いて
ジャンプする

ルッツ（左）　ルッツのエッジエラー（右）

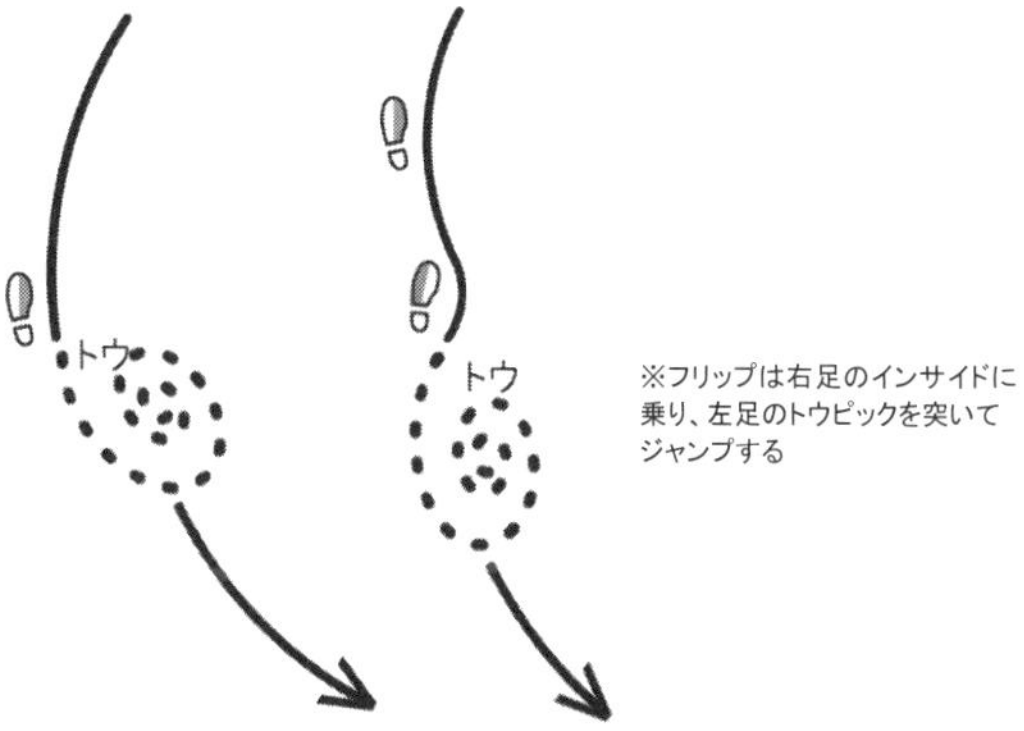
トウ
トウ
※フリップは右足のインサイドに
乗り、左足のトウピックを突いて
ジャンプする

フリップ（左）とフリップのエッジエラー（右）

＊１　「ジャッジングシステム　テクニカルパネルハンドブック　シングル・スケーティング　２０１８／２０１９版（２０１８年７月19日 版）（日本語訳：２０１８年８月７日 第１版）」
https://www.jsfresults.com/data/fs/pdfs/comm/2018hb_single_ja1.pdf

＊２　技術スペシャリストとは技術パネル（技術審判）のひとりで、実施された要素名、要素のレベル、違反要素、ジャンプの回転不足、エッジエラー等を判定する。

＊３　ステップやターンの他、スパイラルやイナ・バウアーなど、あらゆる種類の動きから構成される自由なパートで、固定された基礎点があり、レベル判定は行われない。

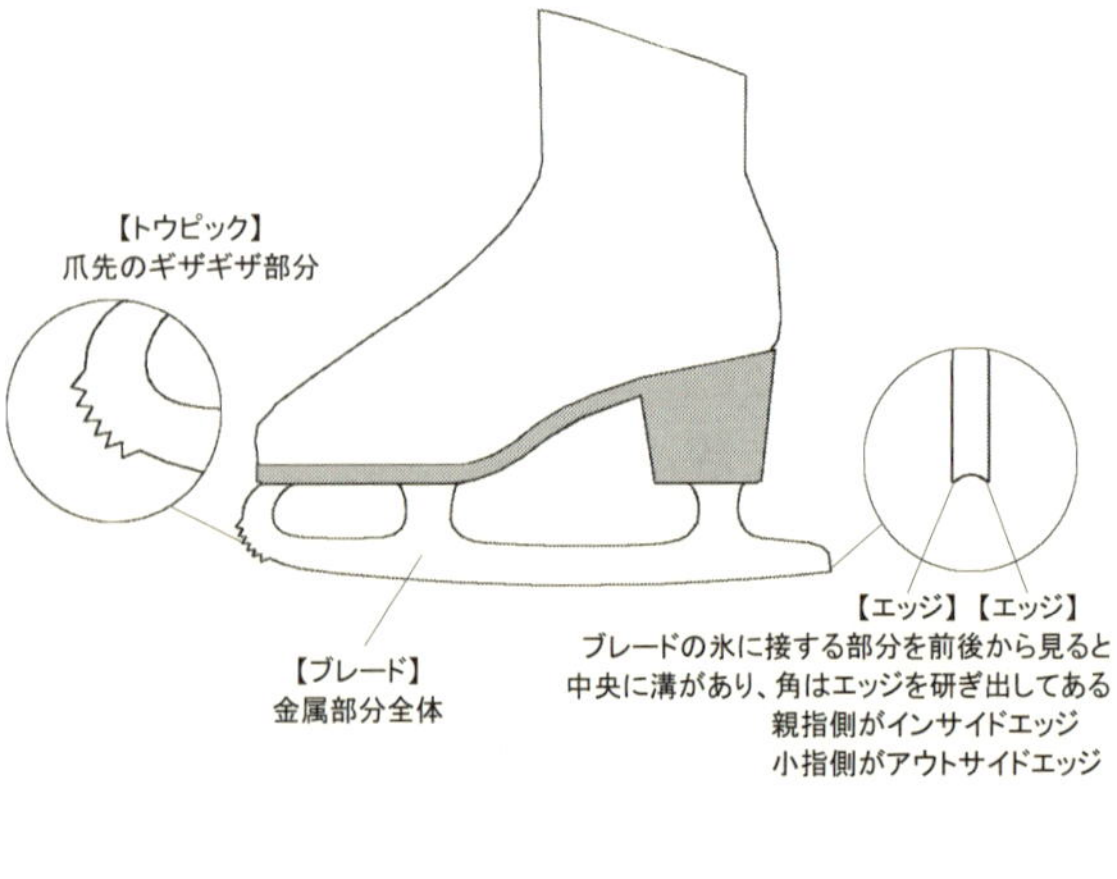

第４章

平昌五輪とルール改正

選手の表情が判定の矛盾を物語る

平昌五輪フィギュア団体戦女子シングルショートプログラム（ＳＰ）。ガッツポーズで演技を終えた宮原知子だったが、いざ発表された得点に表情は一変。冒頭の連続ジャンプでふたつの回転不足（ＵＲ）を取られ得点が伸びず、４位という結果だった。

宮原自身、全日本ではひとつの回転不足（ＵＲ）だった連続ジャンプを上回る手応えを感じていたからこその、ガッツポーズだったろう。得点を見つめる呆然とした表情に、私は４年前のソチ五輪派遣選手選考で起きたことを思い出していた。

派遣選手の実質的な選考会だった２０１３年の全日本選手権。日本シングル女子歴代最高得点（当時。ＩＳＵ非公認の参考記録）を得て優勝したのは、鈴木明子だった。フリースケーティング（ＦＳ）では回転不足やエッジエラーの判定はなく、ＰＣＳは直前に行われたＧＰファイナルの浅田（優勝）を４点以上上回る72・88。鈴木が自身の母親に花束を渡すというセレモニーが唐突に行われ、事実上、日本のスケート連盟は「日本の１番手」として、鈴木をソチ五輪に送り出した。

それがソチ五輪団体戦ＦＳでは、重度のエッジエラーがひとつ、３つのジャンプに回転不足（ＵＲ）、ひとつのジャンプに重度の回転不足（ＤＧ）。この結果、基礎点は全日本を11点以上、下回った。得点を見て呆然とする長久保裕コーチと鈴木の表情は、平昌五輪で宮原が見せたそれと、まったく同じものだった。

全日本選手権はＩＳＵ公認の試合ではないが、技術スペシャリストを務めたのは13年、17年ともにＩＳＵ資格を持つ柴田健吾氏と岡崎真氏。従って国際試合と同じ基準で判定されているはずだ。にもかかわらず、選手自身が「跳べた」と手応えを感じたジャンプの判定が、別の試合であっさりと覆ってしまうのは、なぜなのか。

試合ごと、ジャッジごとに「判定」の基準は異なる

当の競技関係者たちは、こうした事情を〝暗黙の了解〟と受け止めているのでは？　と思われる節もある。長久保コーチは11年のインタビューで、ある試合の採点についてこう話していた。

「ジャッジ席のメンバーを見た時点で、『あ、これは明子が負けるわ』と思った[*1]」。つま

り、ジャッジによって「同じ演技内容でも点数は変わる」のだ。この認識が、13年全日本鈴木優勝後の「ソチ五輪は楽しんできます。成績は真央ちゃんにお願いして」という言葉につながっていたのだろう。「全日本と五輪の採点傾向は違う」からだ。

そもそも、不可解な判定は過去に何度もあった。

ソチ五輪前のGPファイナル。SP後、浅田本人が「今季、こんなに良い形で跳べたのは初めて」と語ったトリプルアクセルが、判定では軽度の回転不足に。あるいはソチ五輪では、FSの3位という結果について、マスコミや多くの解説者は「記録より記憶に残る」「金メダル以上の価値がある」などと薄ぼんやりしたコメントをするばかりで、採点への疑問を口にする人間はいなかった。

しかし、それまで「陰謀論」と一笑に付されてきた「採点への疑問」について、平昌五輪では少々、状況に変化が見られたのだ。

フィギュアの採点は「絶対評価」ではない

平昌五輪団体戦後、報道では「宮原知子の得点は『盗まれた』?」[*2]など、宮原の回転不足判定に疑問を投げかけるような記事が目立った。

スケート関係者も、以前より明らかに踏み込んだ意見を述べている。

まずは元フィギュアスケーターの町田樹氏。テレビ東京の解説で
「全ての選手の演技をスローモーションで慎重に確認した結果、宮原選手のジャンプは何ら遜色ありません」と発言したのだ。

そして、解説者の本田武史氏は自身のコラム[*3]に以下のように書いている。

「(宮原のジャンプの回転は)大丈夫だと思ったので、両方とも回転不足を取られたことには驚いている。ジャッジの判断で変わるところがあるものなので、あまり気にせずにそのままの状態をキープしてほしい。演技点が伸びなかったのは個人戦への課題だが、表現力に定評のあるイタリアのコストナーの直後だったのが影響したかもしれない」。

町田氏は宮原のジャンプの回転が「足りていた」とも「足りていなかった」とも言ってはいない。しかしその真意は、「宮原が回転不足を取られるならば、他にも同様の判定を受けておかしくないジャンプはあった」というものではなかったか。

本田氏に至っては、「ジャッジの判定は一定していない」と、はっきり言ってしまっ

ている。PCSが「絶対評価」とは考えていないのも、明白だ。

さらに、全日本選手権で宮原のジャンプを認定した、岡崎真氏のコラム[*4]が興味深い。

「宮原の冒頭の連続ジャンプを見た時、私自身は『行けた！』と思った。3回転ルッツとトウループのどちらかが回転不足になることはこれまでにもあったが、今回はどちらも平均的に良かったように見えたからだ。（〜中略〜）テレビの映像では本当にボーダーラインぎりぎりに見える。ただ、ジャッジ用の公式カメラはテレビとは別で、アングルも違う。テレビでは宮原が背中を向けて滑ってくるように映ったが、ジャッジ席からは逆に正面を向いて遠ざかっていくように見える。恐らくその角度からだと回転不足に見えたのだろう」

結局、判定を論理的に説明しようとすればするほど、採点システムが抱える問題が浮き彫りになってくるばかりなのだ。

ジャッジの判定を「運」「不運」で片付けてよいのか

想像してみてほしい。スケーターは「60m×30m[*5]」のリンクを高速で移動し、それぞれ異なる場所で、異なる角度、異なるタイミングで、ジャンプやスピンなどの要素を実施する。エッジエラーの判定など、スロー再生が行われることもあるとはいえ、テクニカルパネルの目視によって、たった90度の認定範囲しかないジャンプの回転を正しく判定することは、果たして可能なのだろうか？

しかも、13年に書かれた佐野稔ＪＳＦ理事のコラム[*6]によれば、技術パネルが判断材料とする映像は、ＩＳＵが独自に設置した、１台のカメラで撮影されたものだという。前述した岡崎氏のコメントも、これを裏付けている。

たとえジャッジ自身に公平で正確な判定を行う意志があったとしても、たった一台のカメラが捉えた映像から、すべての要素を判定することは、果たして可能なのだろうか？　複数のカメラによる別角度の映像をスロー再生で確認できる一般視聴者のほうが、得られる情報はむしろ多い。

佐野氏は同記事で、回転不足と判定された織田信成のジャンプ[*7]について、こう書いている。

「もしかすると、判定に使用するカメラの位置からだと、織田のジャンプが回転不足に見えたとしても仕方ないような角度だったのかもしれません。あくまで私の推論ではありますが、こうなってくると『運』『不運』の範疇になってしまいます。ですが、それもまたスポーツを構成する要素の一部だと言うしかありません」。

笑止千万である。記事が書かれた13年当時においても、フィギュア以外の競技では、不明瞭なジャッジに対してはビデオ判定を要求できるシステムが主流となっていた。「運」「不運」が選手の演技結果を左右するような状況は、「スポーツを構成する要素の一部」ではなく、「フィギュアスケートという特殊な競技を構成する要素の一部」だ。

連盟理事の口から出た言葉としては、あまりにも軽い。少なくとも、1台しかないカメラの数を増やすなど、判定の精度や信頼性を高めるための提言をＩＳＵに対して行いたい等、改善策を提案するのが当然だろう。もしかしたら、水面下でそのような動きはあるのかもしれないが、該当の報道は目にしたことがない。

何が選手を追い詰めるのか

かつて小塚崇彦氏は現役時代に、こんな発言をしていた。*8

「（回転を）全部認めろとは言わないですけど、詳細に基準を決めるといったことがあってもいいのかなと。ジャッジやスペシャリストによって、判定が全然違ってくるようなことは考え直してもらえると……。みんなが引きこもったような感じはなくなっていくのかなと思います」。

２０１４年全日本選手権女子シングルのＳＰは、ジャンプの回転不足判定が非常に多い試合だった。ＦＳでは、回転不足を意識し過ぎたのか、選手たちがタイミングを外したり力んでしまった結果、ジャンプで失敗するシーンが目立った。

念のために断っておくが、彼の発言は「回転不足への厳しい判定」に異を唱えてのものではない。充分に回転しきったジャンプとそうでないものが区別され、採点されるのは当然のことだ。

しかし、「前の試合では認定されたジャンプが、今回は認定されなかった」と選手自身が感じることで「萎縮して、本来の実力が発揮できなくなってしまうのは、競技の在り方としてどうなのか」と問題提議したのだと、私は推測する。

小塚氏はジャンプの回転不足について、こう話している。*9

「回転不足かどうかは、跳んだ選手本人が一番よくわかっている」。

ジャッジごと、大会ごとに微妙に異なる「採点基準のブレ」を、一番感じているのは選手たちだ。「判定が厳しい」のが問題なのではなく、「判定に一貫性がない」ことが選手たちを苦しめるのだ。

ＰＣＳ再考

平昌五輪シーズンは、拒食症を主な原因としたアメリカのグレイシー・ゴールドの戦線離脱とロシアのユリア・リプニツカヤの引退が、フィギュア界に大きな衝撃を与えたシーズンだった。ゴールドは22歳（当時。以下同）、リプニツカヤはわずか19歳だ。21歳になったソトニコワも復帰の目処が立っていない。

女子の場合、16〜18歳くらいが急激な体型変化を迎える「大きな壁」とされ、多くの選手がジャンプ調整の難しさに苦しんできた。

技術点において、ジャンプの配点は圧倒的に大きい。高難度のジャンプを数多く「跳ぶだけ」で得点を稼げる技術点重視の採点ならば、若い選手が圧倒的に有利なのがフィギュアという競技の特性だ。

新採点システムにおけるPCSは、しばしば「表現力」という言葉で説明されるが、実際には「スケーティング技術を通しての表現力や芸術性」を評価したものと思われる。豊かな情感や高い芸術性の表現には、「上質なスケーティングを基礎とした多種多様な身体表現の手段」、つまり優れた技術の裏付けが不可欠だからだ。

豊かな情感や芸術性の表現は、演技者自身の精神性と密接に関わることから、「ベテランは豊かな芸術性に裏付けられた高いPCSで、高難度のジャンプを軽々と跳ぶ若い選手たちの技術点に対抗する」……こんな構図が、かつてのフィギュアではよく見られたものだ。実際、キャリアの長い選手程、相対的にPCSは高い傾向にあり、ある意味「実績点」の側面も担っていたと考えられる。

中野友加里氏は著書[*10]の中で、こう書いている。

「多くのスケーターはシニアに上がった当初、演技構成点がどれも7点台からなかなか上がらず、もがき苦しむのです。そして壁を越えたかと思えば、今度は8点台で足踏みします。9点台はジャンプなどの技術以外にも努力を積んだ選手だけが到達できる『芸術』の域で、演技構成点でしっかり9点台を揃えなければ、世界のトップには君臨できません」。

この本が発行されたのは2017年の9月。現状はすでに少々異なる。

ソチ五輪以降、若手選手のPCSはうなぎ登りだ。メドベージェワやアリーナ・ザギトワに至っては、シニアデビュー1年目にして軽々と9点台を揃え、メドベージェワは平昌五輪出場女子最年長で、しかもスケーティング技術に定評のあるカロリーナ・コストナーすら超えてしまった。

もちろん、「若手選手のPCSが高評価なのはおかしい」と言うつもりはない。シニアとしてのキャリアが浅くとも、芸術性高く、豊かな表現力を備えた選手がいて当然であるし、「つなぎ」と呼ばれるステップやターン等の多様性、複雑性においても、彼女たちの技術には目を見張るものがある。これも技術による「表現」のひとつだ。

ただ、ひとつ確実に言えるのは、かつては1試合、1試合ごとに〝積み上げていく〟ものだったPCSの、「採点の慣例」とも言うべきものが変わったのだ。

日本の報道は「世界最高得点更新！」などと声高にあおり立てたが、採点傾向そのものが変わった以上、過去の得点と比べるのは、もはやほとんど意味をなさない。

この傾向が続いていけば、今後、コストナーや浅田のように息の長い選手の、円熟した演技を観られる機会は減っていくだろう。ＰＣＳのアドバンテージなしに、高難度のジャンプを跳ぶ若手と競うのは、ベテラン選手にとって圧倒的に不利だからだ。選手の新陳代謝は否が応でも加速する。

「若手が育っていく過程」を楽しみに女子シングルを見続けてきた、長年のフィギュアファンにとっては、少々寂しい時代がくるかもしれない。

浅田真央を指導した山田満知子コーチは、浅田の引退を受け「フィギュア界の方向性が変わった。『真央が若い力に負けた』とか、『年をとった』というわけではない。彼女は十分やった。時代を生きた」と話したが、採点傾向の変化によって、まさに「ひとつの時代に幕が下ろされた」と言えるのではないだろうか。

若手のＰＣＳは、なぜ高騰したのか？

若手のＰＣＳが高騰した要因は、技術の向上の他に、もうひとつ考えられる。

非常に早いサイクルで起こる「ロシア選手の世代交代」だ。

改めて振り返れば、バンクーバー五輪でのロシア女子シングルは、「惨敗」とも言うべきものだった。もっとも高い成績を残したのがアリーナ・レオノワで、9位。

4年後に自国開催のソチ五輪を控えていたロシアが、国を挙げ、死にものぐるいで選手の強化を図ったのも当然だろう。その4年間の成果が、ソトニコワ17歳とリプニツカヤ15歳（当時）という、2人の若き金メダリストだった（リプニツカヤは団体金メダル）。

しかし前述の通り、今やソトニコワは怪我で戦線を離脱。リプニツカヤは引退した。平昌五輪を担う世代だったはずのアンナ・ポゴリラヤ（19歳：平昌五輪当時。以下同）やエレーナ・ラジオノワ（19歳）、エリザベータ・トゥクタミシェワ（21歳）は伸び悩んでいた。

「ロシアが圧倒的優位で勝つ」ためには、ソチ五輪でシニアデビュー2シーズン目だったリプニツカヤよりもさらに早く、シニアデビュー1年目のザギトワ（15歳）に高いPCSを出す必要があった。

そして以下は私の推測だが、シングル女子において実質上最高難度のジャンプは3回転ルッツだ。ところがメドベージェワのルッツジャンプは度々エッジエラー判定を受けている（シニアデビュー以降、2017‐18シーズンまで「！」判定は6件。そのうちGOE加点5件）。ISUは女子シングル金メダリストにエッジエラーのない選手を望んでいたのではないか。

「採点は絶対評価」などという建前はとっくに有名無実化している。毎シーズン各国連盟に「勝たせたい若手」が現れる以上、「競り合い」の結果、今後も相対的にPCSが高騰していくは当然の成り行きだろう。

ロシアは国家として、アスリートをバックアップする体制が万全に整っている。表現は悪いが、ベルトコンベアーに乗って流れてくる「五輪時に15～18歳となる有望株」をピックアップし、集中強化すればいいだけの話だ。しかも人材は非常に豊富。

世界的に見てもロシア女子は、「ロシアンタイマー」と言われる程、10代後半で迎える体型変化が著しい。これはもうロシア人特有の体質と言っていいものだから、このシステムは非常に理に叶っているとも言える。

今の採点傾向が変わらない限り、今後も五輪における「ロシア1強」の構造は変わらないだろう。

とはいえ、これは「競技としての健全性」とは、まったく別の話だ。

「金メダルを取れば人生が変わる」と言われている国だけに、ロシア国内の争いはまさに下克上。現役アスリートとしての寿命が短いのは、他国の比ではない。

アレクサンドラ・トルソワなど、ロシアのジュニア女子たちはすでに4回転ルッツなど、超高難度のジャンプを認定されている。彼女もザギトワと同じ、かつてはメドベージェワも師事したエテリ・トゥトベリーゼコーチの門下生だ。

正直に言って、私にはザギトワが数年後、4回転ジャンプはもちろん、3回転ルッツ+3回転ループといった高難度の連続ジャンプを跳んでいる姿が想像できない。

下克上が進む…ということは、裏を返せば、ロシアには大人の女性スケーターを育てる土壌がないと言うこともできる。平昌五輪銀メダリストとなったメドベージェワが、オーサーコーチ率いるクリケットクラブに自らの新天地を求めたのも、まさにその表れと言えるだろう。

2018年は次の北京五輪の年に「19歳になってしまう」ロシアの女子がシニアデビ

ューを飾る年だ。ＧＰファイナルや世界選手権など、日本にとっては大きなチャンスの年となるかもしれない。

ジャッジの判定は意思統一されている

第2章では、結果としてＰＣＳが「選手の仕分け」のように作用していると書いた。ＰＣＳの５つの項目が「独立して機能しているのか？」とも。

この疑問への答えのように思われたのが、ザギトワのＰＣＳ「構成」の項目だ。

ＩＳＵのルールブックでは、「構成」は「細かな振り付けや流れだけでなく、リンクの空間すべてをバランスよく使っているか等、プログラム全体のバランスやデザイン性が評価される」と定義されている。

ザギトワのプログラムは、ＳＰ、ＦＳともに、ボーナス加点〔×１・１〕が与えられる後半にすべてのジャンプが組み込まれていた。これにより基礎点で勝ったザギトワが、メドベージェワをかわし金メダルに輝いたのは、ご承知の通りだ。

そして平昌五輪後の６月、ＩＳＵ総会で「後半１・１倍となるジャンプの回数制限*11」

が、ルール改正として承認された。

ＩＳＵ技術委員の岡部由起子氏は、このルール改正についてこんな発言をしている。

「ルールを逆手に取って、全部後半に跳ぶ選手が多くなっていた。よりバランスの取れたプログラムに導くためのルール改正だ」。

ジャンプのすべてを体力的に厳しい後半に集中させることには、大きなリスクが伴う。18年世界選手権のＦＳで最初のジャンプに失敗したザギトワが、その後も立て直せず、ＦＳ7位、総合5位に沈んだことからも明らかだ。

選手はリスクを背負って難易度の高いプログラムに挑戦する。それは「ルールを最大限に活用した」、アスリートとして正しい姿だ。

「ルールを逆手に取って」と表現する程、バランスが悪く、結果としてルール改正につながる程のプログラムだったのなら、なぜジャッジはＰＣＳの「構成」で大きくマイナスの評価を下さなかったのか。

ザギトワは五輪シーズン、五輪を含めＩＳＵ公認の国際試合、6試合（平昌五輪団体戦、Ｂ級試合を除く）に出場しているが、彼女の「構成」の項目を目立って下げたのは

ＧＰファイナルのＦＳ、イタリアジャッジただ一人（最終ポイント８・79に対して７・75。ただし最低点としてカットされているので、得点には反映されていない）。

素人の私ですら思い至るルールの運用を、延べ53人のジャッジが誰も実行しなかったのはなぜなのか。

ザギトワのプログラムに「ＮＯ」を言えなかったジャッジたちの存在こそが、ルールの運用は〝体制に倣え〟と意思統一されていることの証だ。

ＰＣＳは「定評」か「救済」か

ここでイタリアのコストナーについても書いておきたい。

平昌五輪団体戦女子ＦＳでのコストナーのジャンプ構成には、３回転＋３回転の連続ジャンプが入っておらず、しかも３つのジャンプで軽度の回転不足判定を受けていた。技術点は54・31。これは団体戦、個人戦のＦＳに出場した延べ29人中21位の点数だ。そして彼女のＰＣＳは74・27で、29人中６位（５位は個人戦のコストナー）。

再び中野友加里氏の著書からＰＣＳについての記載を引用する。

「トップの選手がジャンプなどで失敗して、技術点が大きく下がっても、演技構成点は何らかのアクシデントがない限りそこまで落ちません。これはトップの選手を〝救済〟しているのではなく、それだけ演技に定評があるということなのです」。

私自身も、キャリアの長いトップ選手が、高い技術と豊かな芸術性（ＰＣＳ）を武器として、若手の技術に対抗する構図は、望ましいものだと考える。しかし、そうは言っても、技術点とＰＣＳに20点近くもの差がつくのは、スポーツとしていかがなものだろうか。28ページ表Ｇを見てほしい。過去11年間で表彰台に上った女子トップ選手の平均ＰＣＳが技術点を３点以上上回ったことは、一度もない。

もっとも不可解に感じるのは、こうした顕著な採点傾向をもつ選手が、コストナーただ１人だという事実だ。

もしもコストナーが、ＩＳＵ前会長のチンクアンタと同じ、イタリア人でなかったら。もしもコストナーが、ロシア以外のヨーロッパ諸国で唯一の、メダルの可能性を持つ白人選手でなかったら。

果たしてジャッジは、これほど高いＰＣＳを彼女に与えただろうか。

表S　**平壌五輪**

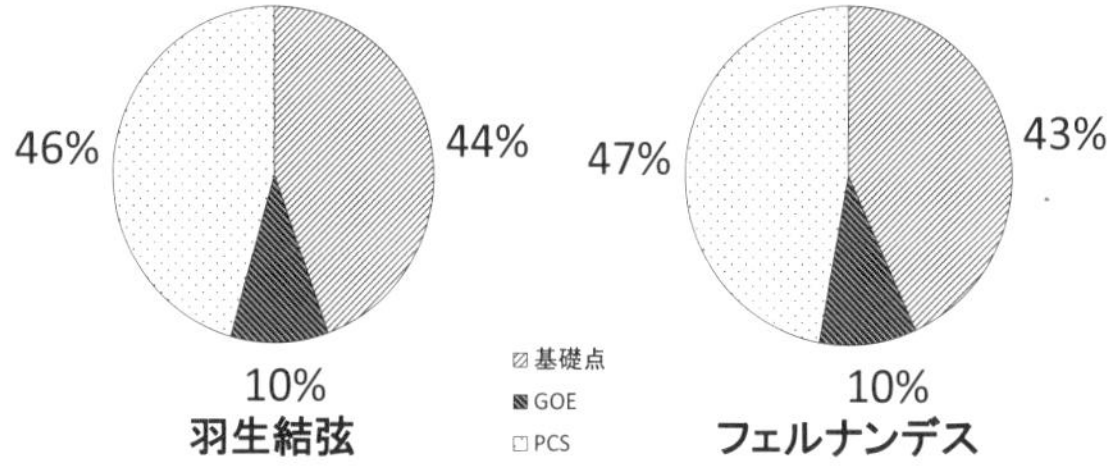

平昌五輪男子シングル						
順位		基礎点合計	GOE合計	PCS合計	Ded合計	総合点
1	羽生	141.57	31.16	145.12	0	317.85
2	宇野	153.85	15.29	138.76	−1	306.90
3	フェルナンデス	131.86	29.45	143.93	0	305.24
4	ボーヤン	153.55	16.41	128.81	−1	297.77
5	ネイサン・チェン	162.59	6.44	129.32	−1	297.35

オーサー理論の正しさが証明された平昌五輪

ここでシングル男子に目を向けてみたい。18年に行われたルール改正は、4回転ジャンプが必須である男子にとって、より影響が大きいと考えられるからだ。

私は第1章でオーサーコーチの「金メダルへの理論」が、「技術点が上がれば、それに同調してPCSも上がる。そして技術点を上げるのに必要なのは技の難易度（基礎点）ではなく、GOE」だったのではないかと書いた。彼の基本理論は今も変わらないし、むしろ平昌五輪を経て、ますますその自信を深めたことと確信している。

オーサーコーチのもと、男子シングルで金メダル、銅メダルを獲得した、羽生結弦とハビエル・フェルナンデスのGOE加点は、揃って基礎点の22％（総合得点の10％）という割合だった。

GOEとPCSの得点順位は、いずれも羽生が1位、フェルナンデスが2位。GOEとPCSは高い連動性を持つ。それが現行ルールでの採点傾向の特長だ。

相似形の美しい円グラフ（表S）が、オーサーコーチの理論の正しさを証明している。

ルール改正で男子シングルはどう変わる

今回行われた大幅なルール改正により、2017‐18シーズンまでのスコアは、リセットされた。歴代最高得点を含め、すべての選手の得点は「歴史的な得点」としてISUのアーカイブに残ることになる。

主なルール改正

・男子シングルのFSの演技時間が4分に短縮し、ジャンプ数が8回から7回に削減。
・高難度ジャンプの基礎点削減（20ページ表D参照）
・GOE判定が、現行の「7段階」から「11段階」に拡大
・FSで繰り返し跳べる同種の4回転ジャンプは1回のみに制限
・後半ジャンプに与えられるボーナス加点（×1・1）は、「SPは最後の1本」「FSは最後の3本」に制限

注目したいのは、高難度ジャンプの基礎点削減だ（20ページ表D参照）。もっとも基礎点が下がったのは4回転アクセルの（マイナス2・5）、次いで4回転ルッツの（マイナス2・1）。4回転トウループ、4回転サルコウはともに（マイナス0・8）の減少にとどまった。結果、現在、認定されているジャンプの中で一番難易度の高い4回転ルッツと4回転トウループとの差が、わずか（2・0）に縮まった（先シ

ーズンまでは3・3点）。

さらにGOEが11段階になったことで、最高評価（GOE＋5）を得た4回転トウループの得点は、4回転ルッツの基礎点を2・75上回る。反対に転倒などで（GOEマイナス5）となった4回転ルッツの得点はわずか5・75となり、4回転トウループはもちろん、3回転ルッツの基礎点も、それぞれ3・75、0・15下回る。

PCS合計	Ded.合計	FS4回転	改正の影響
147.70	0	2種3本	―
144.09	0	2種3本	―
144.43	-1	3種4本	―
136.27	0	4種6本	○
140.12	0	3種4本	―
145.12	0	2種4本	○
144.82	-1	2種3本	―
132.40	0	4種5本	―
138.76	-1	3種4本	―
143.93	0	2種2本	―

つまり、出来栄えのよい演技をより高く評価する「完成度重視」の採点となり、今まで以上にGOEが得点に与える影響が大きくなった。

ここで上の表を見てほしい。前述の通り、昨季までの得点はリセットされたため、この得点ランキング（B級大会を除く）が更新されることはないが、今季の展開を予想するには充分だ。前提条件として、4回転アクセルなど、新たなジャンプは加わらないと仮定する。

男子シングル得点ランキング					
順位	選手名	大会名	総得点	基礎点合計	GOE合計
1	羽生結弦	2015 GPF	330.43	142.64	40.09
2	羽生結弦	2015 GPS JPN	322.40	143.84	34.47
3	羽生結弦	2017 世界選手権	321.59	148.88	29.28
4	ネイサン・チェン	2018 世界選手権	321.40	169.09	16.04
5	宇野昌磨	2017 世界選手権	319.31	154.59	24.60
6	羽生結弦	2018 平昌五輪	317.85	141.57	31.16
7	フェルナンデス	2016 世界選手権	314.93	142.08	29.03
8	ネイサン・チェン	2017 四大陸	307.46	159.63	15.43
9	宇野昌磨	2018 平昌五輪	306.90	153.85	15.29
10	フェルナンデス	2018 平昌五輪	305.24	131.86	29.45

ランキングの1〜3位までを占めるのは、いずれも羽生結弦。男子シングルのPCSの満点は150点（SPが50、FSが100）なので大きな上積みは望めないが、ポイントは彼自身の最高得点が、4回転ジャンプ2種3本の構成で達成されていたことだ。

今季初戦となったオータムクラシックのFS[*12]では、再び4回転ループを組み込んできた。恐らく17年世界選手権のジャンプ構成、4回転3種4本に戻してくるのではないか。ISUジャッジで平昌五輪男子シングルのジャッジを担当した山本さかえ氏は、ルール改正でGOE加減点の幅が増えたことについて「これは羽生選手のためにできるのではないかと思うくらい」と述べている[*13]。

オーサーコーチの目標として、ジャンプで〔GOE

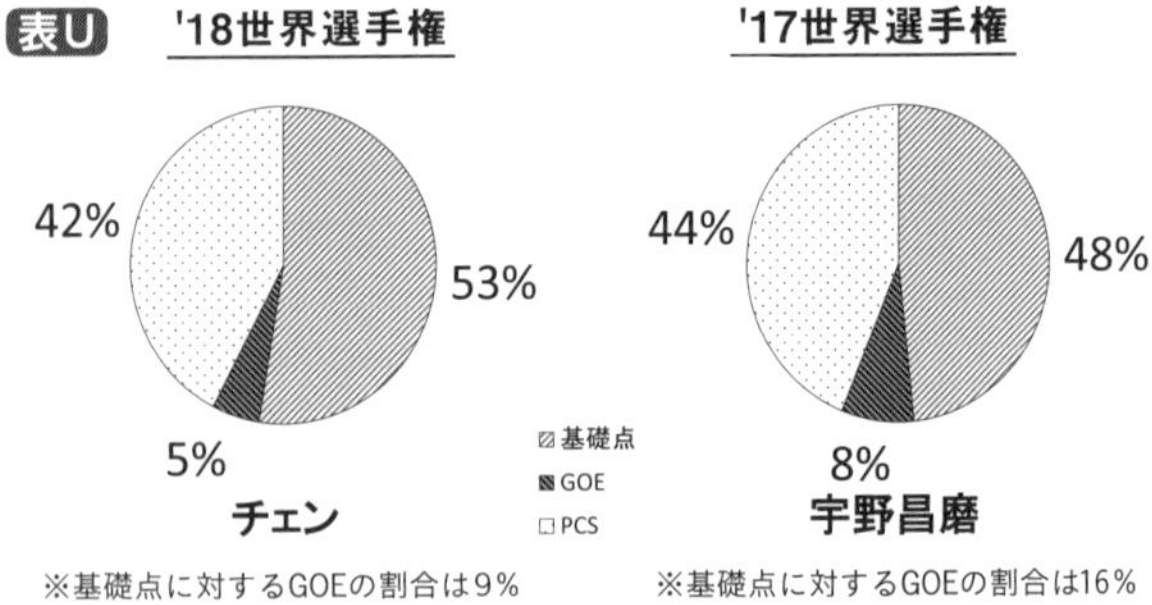

＋3」の評価、つまり基礎点の30%をGOEで獲得することは当然、射程に入っているだろう。オータムクラシックではルッツとフリップは4回転はおろか3回転も入っていないジャンプ構成でPCSは出場選手中、1位。今季も羽生が大きなアドバンテージを握っていることは間違いない。

一方で羽生に続く4位のネイサン・チェンは、基礎点で他を圧倒する。1位の羽生と比べても、基礎点差は26・45でチェンが上回った。4回転ルッツ約2本分だ。しかし今回のルール改正により、彼はFSの4回転を1本減らさなくてはならない上に、4回転ジャンプ自体の基礎点も下がった。繰り返し跳べる4回転が1種類となったことで、戦略上2本必要となったトリプルアクセルが、今まで以上に大きな課題となるだろう。

とはいえチェンにとっての課題は、基礎点ではない。ＧＯＥだ。

チェンの基礎点に対するＧＯＥの割合は、わずか9％しかない。対する羽生は28％。最低でも15％程に上げることができれば、得点は約９点上積みできる。彼の場合はＰＣＳの上限にも余裕があるから、ＧＯＥが伸びればＰＣＳもあがる。

そして上記ふたりの特性を併せ持っているのが、宇野昌磨だ。基礎点で羽生に勝り、ＧＯＥとＰＣＳでチェンに勝る。基礎点に対するＧＯＥの割合は16％。データの上でも、羽生に迫る存在の筆頭と言えば、やはり宇野ということになる。

4回転の基礎点を下げる是非

かつてパトリック・チャンが世界選手権３連覇を成し遂げた２０１３年。彼がＦＳで跳んだ4回転は1種２本、ＳＰと合わせても1種３本の構成だった。

当時18歳だった羽生結弦をはじめとする若手は、さらに高難度の４回転ジャンプを習得し数を増やすことで、スケーティング技術に絶対的な評価を持つ王者に挑んでいった。

その後のジャンプ技術の進歩は著しく、15年ＧＰファイナルでは2種類の４回転を携えた羽生とフェルナンデスがチャンをかわし表彰台に立った。羽生自らが「真・4回転時代」と呼んだこの数年間で、宇野昌磨が4回転フリップ、アメリカのアレクセイ・クラスノジョンが4回転ループの初認定[*14]を受け、チェンは5種類の4回転ジャンプを成功させた。

羽生が五輪連覇を果たした2018-19シーズン、世界選手権でチェンが成功（認定）させた4回転は、SP、FSあわせて実に4種8本。それでも完成度で圧倒的に勝る羽生の世界最高得点には及ばなかった。

私自身はこの展開を非常にスリリングに感じていたため、今回の〝4回転ジャンプ偏重の流れに歯止めをかける〟ルール改正は、いささか残念に思う。

かつてのチャンがそうであったように、現王者として君臨する羽生に対し、若手が挑むに必要な武器の一部を奪われたように感じるからだ。フィギュアの過去のルール改正を振り返っても、フィギュア以外のスポーツを見渡しても、現王者の競技スタイルにこれ程マッチしたルール改正は珍しい。羽生結弦はまさに、新採点システムの申し子のような存在と言えるだろう。

技の完成度、芸術性を重視するのは、フィギュアという競技の特性だ。とはいえ、ロシア女子が「つなぎ」の多様性と複雑性といった技術による「表現」で高いＰＣＳを得たように、最高難度のジャンプもまた、技術と個性の「表現」ではないのか。技の完成度をより評価するためであれば、ＧＯＥ加点の拡大で充分だった。なぜ、４回転ジャンプの基礎点を下げる必要があったのか。

身体能力の限界に挑むこと。それはアスリートとしての本能だ。技術の進歩を否定するような改正は、フィギュアを〝スポーツ〟から遠ざけてしまう気がしてならない。

＊1　2011年8月17日『スポーツ報知』城田憲子氏の「フィギュアの世界　メダリストのコーチたち～長久保裕編」
＊2　『THE ANSWER』2018年2月11日付
＊3　『プロの目』
＊4　『スポニチアネックス』2018年2月12日付け
＊5　ISUは、試合で使用するリンクの大きさをルールで定めている。最低でも「56m×26m」以上のサイズが必要で、「60m×30m」のリンクを「国際規格」としている。ただし、北米には国際規格のリンクは少なく、アイスホッケーの試合で使用される「約61m×約26m」のリンクが一般的。
＊6　2013年11月11日「ニューズ・オプエド」に寄せた記事『ノーボーダースポーツ詳細』。
＊7　2013年GPシリーズNHK杯で、織田信成のジャンプが回転不足の判定を受け、批判が集まった。
＊8　『Sportsnavi』2014年12月29日付。
＊9　真嶋自身が2017年6月、小塚氏に取材。
＊10　『トップスケーターのすごさがわかるフィギュアスケート』2017年9月8日刊（ポプラ社）
＊11　2018年6月6日のISU総会で、「SPは最後のひとつのみ、FSは最後の3つのみ、1・1倍の加点を与える」という日本スケート連盟の改正案が承認された。
＊12　ISU承認のチャレンジャーシリーズ10戦のうちのひとつ。2018年9月20日～22日、カナダのオークビルで開催された。
＊13　『WORLD FIGURE SKATING No.82』（SHINSHOKAN）
＊14　2016年9月23日ジュニアGPSスロベニア大会のFS。着氷で乱れ氷に手を着いたため、GOEではマ

イナス評価となったが、プロトコル上では初の4回転ループ認定となった。同月30日のオータム・クラシックSPでは、羽生がクリア（GOEでプラス評価）な4回転ループに成功した。

オリンピックにおける女子シングルジャンプ構成の推移

		SP(OP/TP)	FS
アルベールビル ('92)	金 K・ヤマグチ	3Lz+2T, 2F, 2A	3Lz+3T, 2A, 3F, 3T, 3Lo, 2S, 3Lz, 2A
	銀 伊藤みどり	3Lz+2T, 2F, 2A	2Lz+3T, 3A, 3F+2T, 3Lo, 3A, 3S, 2A
	銅 N・ケリガン	3Lz+2T, 2A, 2Lz	2A, 3F, 3T+1T, 3S, 1Lz, 3Lo, 3T
リレハンメル ('94)	金 O・バイウル	3Lz+2T, 2F, 2A	3Lz, 3F, 3Lo, 3S, 2A, 2T, 3T, 2A+2T
	銀 N・ケリガン	3Lz+2T, 2A, 2F	2F, 3T+3T, 3Lo, 3S+2T, 3Lz, 2A
	銅 陳露	3Lz+2T, 2F, 2A	3Lz+2T, 2A, 3S, 3Lo, 3Lz, 3T, 3F, 2A
長野 ('98)	金 T・リピンスキー	3Lz+2Lo, 3F, 2A	2A, 3F, 3Lz+2T, 3Lo+3Lo, 3Lz, 3T+3S
	銀 M・クワン	3Lz+2T, 2A, 3T	3Lz+2T, 3Lo+2T, 3F, 2A, 3Lo, 3S, 3Lz, 3T
	銅 陳露	3Lz+2T, 3T, 2A	3Lz+2T, 3F, 2A, 3Lz, 3Lo, 3S, 3T+3T
ソルトレイクシティ ('02)	金 S・ヒューズ	2A, 3Lz+2Lo, 3F	2A, 3S+3Lo, 3Lz+2T, 3F, 3T+3Lo, 3T
	銀 I・スルツカヤ	3Lz+2T, 2A, 3F	3Lz+2Lo, 3S+2Lo+2S, 3Lz, 3Lo, 3F, 2A, 3T
	銅 M・クワン	3Lz+2T, 2A, 3F	3Lo, 3T+2T, 3Lz+2Lo, 2A, 3F, 3S, 3Lz, 3T
トリノ ('06)	金 荒川静香	3Lz+2T, 3F, 2A	3Lz+2Lo, 3S+2T, 3F, 2A, 3Lz*, 2Lo*, 3S+2T+2Lo*
	銀 S・コーエン	3Lz+2T, 3F, 2A	3Lz, 3F, 3Lo, 3F+2T*, 3T+3S+SEQ*, 2A*, 3S*
	銅 I・スルツカヤ	3Lz+2T, 3F, 2A	3Lz, 3S+2T+2Lo, 3F, 2F+2T*, 3Lo*, 3T+2T*, 2A*
バンクーバー ('10)	金 キム・ヨナ	3Lz+3T, 3F, 2A	3Lz+3T, 3F, 2A+2T+2Lo, 2A+3T, 3S*, 3Lz, 2A*
	銀 浅田真央	3A+2T, 3F, 2A	3A, 3A+2T, 3F+2Lo, 3Lo*, 3F<+2Lo+2Lo* 1T*, 2A*
	銅 J・ロシェット	3Lz+2T, 3F, 2A	3Lz+2T+2Lo, 3F, 3Lo, 3Lz*, 3T+3S+SEQ*, 2A*, 3S*
ソチ ('14)	金 A・ソトニコワ	3T+3T, 3F, 2A*	3Lz+3T, 3F, 3Lo, 2A+3T*, 3F+2T+2Lo*, 3S*, 2A*
	銀 キム・ヨナ	3Lz+3T, 3F, 2A*	3Lz+3T, 3F, 3S+2T, 3Lz*, 2A+2T+2Lo*, 3S*, 2A*
	銅 C・コストナー	3F+3T, 3Lo, 2A*	3Lz, 2A+3T, 3F, 3Lo*, 3T+2T*, 3S*, 3S+2T+2T*
平昌 ('18)	金 A・ザギトワ	3Lz+3Lo*, 3F*, 2A*	3Lz*, 2A+3T*, 3F+2T+2Lo*, 3Lz+3Lo*, 3S*, 3F*, 2A*
	銀 E・メドベージェワ	3F+3T*, 3Lo*, 2A*	3F+3T, 3Lz, 3F*, 3Lo*, 2A+2T+2T* 3S+3T* 2A*
	銅 K・オズモンド	3F+3T, 3Lz, 2A*	3F+3T, 2A+3T, 3Lz!, 3Lo*, 3F*, 3S+2T+2Lo*, 2A*

※新採点方式（トリノから）は当時の表記（ただし演技後半のジャンプは*印）で、旧採点方式（ソルトレイクシティまで）は当時の映像を確認し、実施ジャンプのみ記載した。

※旧採点方式ではジャンプの総数が決められており、新採点方式ではジャンプの回数が決められている。

コラム

小塚崇彦氏に聞く「フィギュアの採点」

――フィギュアの採点はわかりにくいという声をよく耳にします。

小塚　確かにわかりにくい競技ですよね。はっきり言って選手ですら、細かいルールは把握しきれていない。ではジャッジの人達はすべてを完璧に把握できているかと言えば、それもないと思う。基本的に一瞬での判断で、ルールブックで調べながらジャッジするわけにはいかないですからね。やはりジャッジも人間なので、人間として「良いな」と思ったものに最終的には点数をつけるのかなと。

例えば、会場が盛り上がっていたら、高い評価をしようと思うでしょう。そこが曖昧で物議をかもすところだと思いますが、そういう人間らしさが点数に加味されなくなったら、フィギュアはつまらなくなると思います。「どうやってジャッジから点数を引き出すか?」「どういう演技が高い評価を得られるのか?」と選手自身が考える、研修するのも、ひとつの練習です。

――演技審判にはスケート経験がない方もいらっしゃるそうですね。

小塚　スケート経験のない方が審判員になりたいと思ったとき、技術スペシャリストなど、技術審判に関しては規定がありますが、演技審判には、あまり規定がありません。机上で勉強をしていただければ、なれます。少々極論になりますが、フィギュアスケートの経験がなくても、音楽や舞台芸術の専門家など、芸術への造詣が深い方々がPCSを評価するジャッジ（演技審判）として採点するのもよいのではと思っています。ただ、そういう方々がスケートシーズンに予定を空けられるか、という問題もあります。ジャッジは基本的にほぼボランティアとしての側面が大きいので、現実的には人材の確保が難しい。もちろん現在でも、ほとんどのジャッジの人たちはきちんと勉強して、プログラムに使用する曲の背景など、下調べしたうえで点数をつけていると聞いています。

――回転不足の判定など、ブレがあるように感じます。

小塚　正確な判定をするために、技術パネルは3人のジャッジが担当しています。しかも彼らはジャンプを跳んだ経験を持つ人達ですから、回転不足は感覚的にわかるものです。選手としては、回転不足をつけられたら自分が直して、次は認めてもらえるようなジャンプを目指すだけ。もちろん「？？？」と、思う時もあります。でもルールがなければスポーツは成り立ちません。万が一、判定にブレがあったとしても、フィギュアは「採点競技」ですから。スケーターは全員が「採点される競技」を自ら選択したはず。ジャッジの判定に不満があるのなら、「0・01秒」を競う競技をやればいい。あるいは得点競技とか。少なくとも僕自身はそう考えていました。

――AIの導入については、どう思われますか？

小塚　フィギュアは人間が見て、点数をつける競技だから面白いのかなと考えています。機械が判定するのなら、ジャンプだけの競技をつくればいい。

――連続ジャンプのセカンドにつけるループジャンプの難しさについて、お教えください。

小塚　これはなかなか難しい質問です。3回転ループをセカンドで跳ぼうと思ったら、最初のジャンプを少し回転不足ぎみに降りないと難しいものなんです。かといって、最初のジャンプの回転が足りなすぎるのも跳びにくいし、そもそも回転不足の判定を受けてしまいます。非常にピンポイントのタイミングで最初のジャンプを降りる必要があることが、セカンドにループジャンプをつける難しさと言えます。

――もうひとつ、連続ジャンプについての質問です。セカンドのトウループの跳び方が、ロシア女子を中心に変わってきているように思います。トウを突いた足で、ぐるっと回りながら跳び上がっているように見えるのですが…。

小塚　日本の選手にも増えてきました。イメージとしては跳び上がる前に腕を締めて、回りながら離氷する。この辺《あた》りはジャンプの個性の範囲内なのでは。曖昧に聞こえるかもしれませんが、選手によってさまざまな個性があるから見ていて楽しいわけですし。「判定を正確にしたいからAIを導入すればいい」と簡単にはいかないのも、個性を尊重するフィギュアだからこそと言えます。

新採点方式になってから、15年あまりが経ちました。シニアの最初からこのルールで演技していたのは、自分たちの世代ぐらいからです。いろいろと問題もあるとは思いますが、少なくとも20年くらいのスパンでみていかなくては、実はわからないことも多いのかなと思います。細かなところばかりを見ていると不備ばかりが目につくかもしれませんが、観戦にこられた方々には、まずはプログラムの最初から最後まで、全体的な流れや雰囲気等、全体を楽しんでいただきたいですね。

僕自身は現在、トヨタ自動車に籍を置きつつ、フィギュアスケート・デモンストレーター、ブレードの開発、ＪＯＣアスリート委員会オブザーバー等を主な活動としています。競技において、ジャッジと選手は点数を「つける側」と「つけられる側」。選手の時の経験から、ジャッジに対してなかなか率直な意見を言いにくいという状況があります。そのため、あえてジャッジの資格は取っていません。微妙なバランス感は難しいですが、今後も、フィギュアスケート選手ＯＢならではの視点でスケート環境の向上に寄与できればと思っています。

第5章

新採点システムの問題点

ＩＳＵの「お手本」は特定の現役選手

フィギュアスケートの新たなシーズンは、毎年7月1日にはじまる。そのため、ＩＳＵ（国際スケート連盟）会長をはじめ理事の選挙やルール改正の審議・承認を行うＩＳＵ総会は、2年に1度のタイミングで6月に開かれる。

新シーズンが明けたばかりの２０１８年7月7日。ＩＳＵ技術委員会が1本の動画を公開した。タイトルは「Grades of Execution +5 to -5 Single Skating」。ルール改正で7段階から11段階に拡大されたＧＯＥの評価解説、模範演技を説明するための教材ビデオだ。

これまでも技術委員会製作のＤＶＤはあったが、技術委員会の会長自ら、しかも一般公開のかたちで説明を行うのは、初めてのことではないだろうか。

動画中、模範例として登場するのは、羽生結弦、メドベージェワ、ハビエル・フェルナンデス、コストナー、宮原知子、樋口新葉、パトリック・チャン、ケイトリン・オズモンド、ミハエル・コリヤダ、ミーシャ・ジー、ザギトワ等々、ほぼ9割が現役の選手たちだ。

国籍でいえば日本、カナダ、ロシアが多く、アメリカからは引退を示唆したアダム・リッポンのみ。

かねてから指摘されていたことだが、ＩＳＵが模範例として現役選手の演技を教材に使用するのは、不適切ではないだろうか。ここに登場する選手の演技は、いわばＩＳＵのお墨付き、「お手本」だ。ジャッジたちはこの演技を「採点の基準」とする。

しかしビデオでは、模範ジャンプがＧＯＥ加点項目[*1]のどれに該当するのか、具体的な解説はない。ただ選手の演技を淡々と流すだけだ。

フィギュアの採点は「絶対評価」とされ、ジャッジは選手の実績とは無関係に、「目の前で行われた演技に対する評価を行う」のが基本だ。しかしビデオを見た後、「まっさらな気持ち」で選手を評価することなど、できるだろうか。

今回のビデオにはなかったが、田村明子氏の著書『氷上の光と影』によれば、かつては現役選手の映像が「回転不足のジャンプ」の見本として、ＩＳＵセミナーで使用されたこともあったという[*2]。

ＩＳＵにより仕分けされ、「手本」となった選手は新たなシーズンをプラス評価の印象でスタートし、当日のミスはそこからマイナスされる。一方で「お手本以外」の選手はゼロか、それ以下からのスタートとなる。

これは「先入観の刷り込み」だ。

ＧＯＥには明確な基準が示されているものの、最終的な判断はジャッジの主観に委ねられる。採点競技として「公平性」には特に留意する必要があるはずだ。

こういった事実が、それを承知のうえで戦う選手たちのメンタルに影響しないはずはない。「お手本」に選ばれた選手は、自信を持って堂々と。そうでない選手は、ＧＯＥが期待できない以上、リスクを負ってでも難易度の高い演技要素を取り入れ、基礎点を上げるしかないと考えるかもしれない。

結局、「ＧＯＥの拡大」は、ジャッジの主観、裁量が及ぼす範囲を広げるだけだ。そしてその方向性を示し導くのがＩＳＵの役割ということだろう。

ＩＳＵからの最新（２０１８年10月現在）のルール通達「ＩＳＵコミュニケーション第２１８６号」の最後には、ＰＣＳについての「追加の諸注意」として、こう書かれている。

・転倒または重大なエラーをひとつでも含む演技にはどのコンポーネンツに対しても10点を与えるべきではない。
・転倒または重大なエラーを複数含む演技には、スケーティング・スキル、トランジション、コンポジションに対して９・５点以上を与えるべきではなく、パフォーマンス、インタープリテーションに対して９・０点以上を与えるべきではない。

裏を返せば、今まではごく限られたトップ戦選手に限り、転倒を含んだ演技であっても、「満点」か、もしくは非常に高いＰＣＳが与えられてきたということだ。ＰＣＳがジャッジの主観・裁量に任せられている以上、こうしたことは起こりえる。

昨季までのＰＣＳ最高値（ＳＰとＦＳの合計）は、男子が１４７・70（１５０点満点）、女子が１１５・89（１２０点満点）[*3]。競り合いによるＰＣＳの上昇で、どちらも天井（満点）ぎりぎりだ。かつてキム・ヨナとソトニコワは、五輪に至る２シーズンで、ＦＳのＰＣＳをそれぞれ10ポイント以上上昇させたものだが（44・45ページ表Ｋ、Ｌ参照）、現状では、次に誰がどれだけ完璧に近い演技をしたとしても、もはやＰＣＳで明確に評価することは難しい。

これは私の推測だが、ルール改正で行われたGOEの加点幅の拡大は、こうしたPCSが抱える問題を反映させる意味あいも含んでいるのではないだろうか。

ただ、GOEの加点幅が大きくなると、特に男子においては〔技術点：PCS＝1：1〕の原則が大きく崩れてしまう。これを調整するために、高難度ジャンプの基礎点は下げられたのだろう。

進化するテクノロジーが採点の透明化を加速させる

平昌五輪では、パナソニックが〝マルチアングル動画配信システム〟の試験運用を行った。スマートフォンやタブレットを使い、さまざまな競技を360度から見ることができるという画期的なシステムだ。

スポーツジャーナリストの上野直彦氏によれば、一番向いている競技はフィギュアスケートだという。*4 会場内では、さまざまな角度から撮影したライブ映像やプレーの解説動画などを、Wi‐Fiを通じてスマートフォンやタブレット端末に配信。観客は生で観戦しながら、自分の観たい角度で手元のスマートフォンを使って見ることも可能となるという。

また、富士通は、日本体操協会と連携し、体操競技の「採点支援技術」の開発を進めている。ジャッジが肉眼で判定するのが難しい高度な技を、「テクノロジーを利用して誤審を防ぐ」ための試みだ。２０２０年東京五輪での実用化を目指す。

「判定の透明性」を高めることは、採点競技に課せられた急務だ。「是非、フィギュアスケートの採点にも取り入れてほしい！」という声が多く聞こえるが、実はそれ以前に、フィギュアのルールはもっと根本的な問題を抱えている。

以下、重要な3点について、検証する。

フィギュアの「機械判定」導入が不可能なわけ

まずひとつめは、「ルールとしての不備」だ。

驚くべきことに「ＩＳＵテクニカルパネルハンドブック」には、ジャンプの起点と終点についての記載が存在しない。第3章ではジャンプの回転不足について、元ＩＳＵ理事、平松純子氏のコメントを紹介した。以下に再び引用する（72ページ表R参照）。

ジャンプとは「踏み切る足のブレード（スケートの刃）が氷から離れた瞬間から、着氷する足のブレードが氷に着くまで」をいう。ジャンプを見る際、ブレードが氷を離れた時点を覚えておき、どの角度でブレードが着氷したか、を基準に判断すればいい。

現状、この発言が「回転不足」についてISU関係者から語られた、もっとも詳しい説明なのだが、これはあくまで平松氏個人のコメントだ。しかも、このコメントには大きな矛盾がある。

ひとまずトウ系ジャンプついては、この説明で起点を割り出すことは可能だ。トウ系ジャンプは、「踏み切る足」と反対側の足のブレードの先を氷に突いて、垂直方向に跳び上がる。そのため踏切の「離氷」地点がわかりやすい。

問題は、エッジ系ジャンプだ。エッジ系ジャンプはトウを突く動作がなく、文字通りスケート靴のエッジを使って踏み切る。つまり、ジャンプを「跳ぼう」とする予備動作（軸足の膝を曲げて重心をかけ、エッジを使って踏ん張る状態）から、実際に離氷するまで、軸足のブレードが何分の1か回転してしからでないと、跳び上がれないのだ。
この、エッジ系ジャンプについて、小塚崇彦氏は以下のように解説している。*6

・ループジャンプは、（予備動作から）だいたい5分の1から4分の1くらい回ってから跳ぶ。
・サルコウジャンプは、（予備動作から）5分の2くらい回ってから跳ぶ。
・サルコウのほうが、ループより少しだけ空中での回転数が少ないので、基礎点が低くなる。
（80ページの図表参照）

エッジ系ジャンプは、予備動作から実際に離氷するまでに、準備回転（プレローテーション と呼ばれる）が必要だ。言い方を変えれば、エッジ系ジャンプの特性として、プレローテーションなしに跳ぶことは不可能なのだ。

しかし、プレローテーションに関してもルール上明確な規定はなく、選手によっては「2分の1」前後も回転して（進行方向に対し前向きになる）から跳ぶ選手も少なくない。

これ程、曖昧なジャンプの、どの地点をジャッジは「ジャンプの起点」と捉えているのだろうか？　非常に「感覚的」で、しかも経験者であっても定義が難しい「ジャンプの起点」が、果たしてジャッジ全員の共通認識となりうるのだろうか？

元フィギュアスケーターで国内ジャッジの経験を持つ中庭健介氏は「ジャンプは一回、一回、踏み切る角度も違いますし、テイクオフもランディングもカーブを描く中で行われるので、〝どちらとも取れる〟という微妙なグレーゾーンが発生します」と話している。*6

今回のルール改正で、今までボーダーラインとして認定されていた1／4回転（90度）ちょうどの不足は、今後は軽度の回転不足（UR）とみなされる。従来のグレーゾーンは〝黒〟の判定となる可能性が高い。

もちろん、スポーツの判定である以上、必ず「線引き」は必要だ。しかし、明文化されていない「ジャンプの起点」をベースに、厳密に過不足を判定する「回転不足」のルールはおかしい。

しかも、技術パネルは全員が競技経験者だが、演技パネルは競技未経験者でも務まる。ジャンプを跳べない人間がＧＯＥを判定することもあるのだ。

そして何より、「ジャンプの起点」が明文化されない限り、ＡＩによる判定は不可能だ。

採点支援技術のフィギュアスケートへの応用について、富士通からは、「技術的には可能になっても、例えば（体操で言えば）『ここで右手の肘の角度が何度以上だと減点』など、審判がそれぞれの技を採点する際の基準がデジタルにルール化されていないと、システム化できないということも考えられる」という回答を得ている。

しかし、おそらく、「ＩＳＵには、ジャンプの起点を明文化する意志はない」のではないか。理由は、「ジャンプの起点は、そもそもその種類や選手の個性によって微妙に異なり、定義できない」ものであるからだ。そして無理に定義すれば「過去の映像との矛盾」が生じる。

それでも、「ジャッジが目にする映像では、この判定が正しかった」と主張するなら、ＩＳＵはジャッジの判定材料となった映像を公開すればいい。

さらに、ジャンプの起点に焦点が当たれば、プレローテーションの問題もクローズアップされるだろう。

ロシアの女子に顕著だが、彼女たちは連続ジャンプのセカンドジャンプ、トウループのプレローテーションが大きい。いわゆる「氷離れ」が悪く、軸足の反対側のトウで氷を突いた後、完全に離氷するまでに、氷上で180度近く廻っている。

つまり、3回転トウループであっても、空中での回転は2回転半に近い。

この跳び方だと離氷の前に回転を稼げるため、回転不足の危険が少ない。回転不足の判定が厳しくなったのは、バンクーバー五輪以前の07年から。回転不足を防ぐために考えられたメソッドで育てられた世代が、ちょうど今、ロシアシニアのトップとして活躍していると推測できる。

こうした跳び方が多数を占めるようになれば、もはやプレローテーションを減点するルールは有名無実化する。そして実際に、今回のルール改正で「GOEプラス評価を受けるジャンプの要件」として存在していた、「ディレイド回転のジャンプ（跳び上がってから回転をはじめるジャンプを指す）」という項目がなくなった。

スケーター自身が真実を知っている

2番目の問題を説明する前に、14年ソチ五輪ペア金メダリストであり、団体戦金メダリストのマキシム・トランコフ（ロシア）のインタビュー記事を紹介したい*7。

「ロビン*8も僕も、明らかに悪い滑りをしたのに、勝って更衣室に戻るときが何度かあった。客観的にみて僕たちよりも良い滑りをして、結果的には負けた人たちの目を、どのように見たらよいのか分からなかった。（～中略～）もし偉大なチャンピオンペアが、僕の目の前で悪い滑りをしたら、僕は彼らを他のペアより高く評価することはできない。なぜなら、自分自身がそのような境遇の中にいたので、それ（不出来にも関わらず高得点をもらって気まずい思いをすること※訳者注釈）がどんなにいたたまれないものなのか、わかっているからだ。だから、審判団には著名なアスリートがいないのだと思う」。

トランコフが語っているのは、今も昔も、フィギュアの現場では「公平さに欠ける採点が行われている」という現実だ。採点の実情を一番、知っているのは選手たちだ。

そしてファンにとっても、偉大なチャンピオン、もしくはＩＳＵにとってのスター選手が、明らかなミスをしていながら表彰台に上がる光景は、珍しいものではない。「ジャッジに愛され」、表彰台をキープし続けていた選手が突然はしごを外され、自分の得点に困惑した表情を浮かべる様子さえ、何度も目にしてきた。

演技の出来不出来は、演じた選手自身が一番よくわかっている。去年まで評価されていたものが、今年は評価が得られない……。あるいは選手としての引き際……引退の時を、ジャッジから「得点という勧告」を突きつけられて実感することもあるだろう。採点が絶対評価であるならば、こんなことは起こりえない。

トランコフが言う「フィギュアの審判団には、実績のあるアスリートがいない」。これは、「公平さに欠ける採点に荷担したくない」という選手としての矜持の表れだ。

こうした採点は、なぜ起きるのか。

ジャッジは各国連盟の意志を反映する

ジャッジの資格は、各国のスケート連盟に所属しなければ得られない。さらに、自国の連盟の推薦なしに、国際ジャッジの資格は得られない。

そしてＩＯＣ主催の五輪、ＩＳＵ主催もしくは公認の国際大会では、「抽選でジャッジ派遣の枠を得た各国スケート連盟が、自国のＩＳＵジャッジを任命する」。これがフュギュアの採点が抱える、２番目の大きな問題だ。

田村明子氏が前出の著書でこう書いている。

「彼ら（ジャッジ）に、自国の連盟の利益をまったく度外視して採点をせよ、というのはそもそも無理な理想論なのかもしれない。ＩＳＵの技術コンサルタント、カナダのテッド・バートン*9は、このように言い切った。

『どの国の連名もジャッジを送る目的は、自国の選手をできるだけいい順位につけるためです。ある特定の国だけが、そうなのではない。どの国も同じです。だから複数の国のジャッジが集まって採点するのです』」

テッド・バートンは新採点システムを開発したメンバーの１人でもある。このシステムの特長だった「ジャッジの匿名性」の目的は、「自国の連盟や個人的に親しい選手、ＩＳＵ技術委員というような各方面からのしがらみ、プレッシャーからジャッジを解放すること」だったようだが、「ジャッジの匿名性」は明らかに採点の透明性や信頼性を損ねていた。

私自身、少し前までは「納得できない採点が起こるのは、『ジャッジの匿名性』が守られているためだ」と考えていた。でも、そうではなかった。「ジャッジの匿名性」が廃止された2016年以降も、フィギュアの採点は何も変わらなかった。

平昌五輪男子シングルでは、中国人審判が自国の選手に有利な判定をしたと報道されたが、「何を今さら」と思う。特定の選手に有利な判定は今までもさんざん行われてきたし、程度の差こそあれ、どの国のジャッジも行っている。

ISUジャッジの岡部由起子氏（16年にISU技術委員就任）は、14年世界選手権の実況中、「日本の選手に有利になるように自分も頑張らないといけないな、と思いながら点数を出していました」と発言している。もちろんこれはルールの範囲内でのことだが、〝自国バイアス〟は必ずある。

平昌五輪で中国ジャッジが問題になったのは、「匿名性」が廃止されたことで検証が可能になり、「単独でやり過ぎた」のが目立っただけだ。

偏った採点が起こる最大の原因は、「ジャッジが各国連盟に紐付いている」ことにある。連盟の意図を採点に反映させないジャッジを、連盟があえて任命するはずがない。

さらに、「技術パネル」はISU会長自身が、その任命権を持つ。これが、ISU会長に権力が集中する原因のひとつでもある。

田村氏の同著によれば、

「ISUからジャッジに報酬を出して各国の連盟から自立させ、プロのジャッジを養成したらどうかという提案がなされたこともあったが、未だに実現する見通しはない」。ジャッジの独立性が保たれない限り、フィギュアの採点は永遠に「国と国との闘い」であり続けるだろう。

フィギュア選手は「アスリートとしての権利」すら剥奪されている

「第3の問題」は、「ISUルール123条4項」にある。

「フィギュアスケートの試合では、選手やコーチ、各国連盟を含んだすべての関係者は、ジャッジによる判定結果について、いかなる抗議も認められない」。

抗議が認められるのは、「数値計算上の誤り」、つまり計算ミスについてのみ。技術パネルが判定する「要素の認定やレベル認定、回転不足、エッジエラー等の誤り」について、選手たちは抗議はおろか、問題提議する手段も持ってはいない。

ジャッジ個人の能力がいかに高かろうと、正確な判定はときとして難しい。1台しかないカメラでは、角度によってはジャンプの踏切が見にくいこともあるだろう。人間である限り、間違いは起こるものだ。

正当な抗議によって再審議が行われれば、「ジャッジの質」の向上にも役立つ。そして何より、「正しい判定」を受けることは、すべてのアスリートたちが持つべき権利のはずだ。

しかしながら現状、採点への疑問を公に口にする選手はほとんどいない。当然だ。そもそも判定は絶対に覆らないし、ジャッジを任命した自国連盟からの心証は確実に悪くなる。国際試合への派遣や強化選手の指定を決めるのは連盟だ。判定に異議を唱えれば、自分の立場が悪くなるだけで、得られるものは何もない。

予想外の判定や採点にどれだけ傷つこうと、競技を続けるためには、選手たちは「がんばります」と答えるしかないのだ。「これもフィギュアスケートなのだから」と自分に言い聞かせて。

ただし……第1章ではオーサーコーチの、「公式抗議が難しいなら非公式ルートででも問題を提起したい」という発言を紹介した。ごく一部のコーチのみが「非公式ルート」を持ち得ているのなら、それも大きな問題だ。

ステップ・シークエンスはもっと重視されていい

ここ数年、世界的なフィギュア人気の凋落は著しいものがある。ＧＰシリーズなど、テレビに映る客席には空席が目立つ。

長い間、フィギュアを見続け、会場に足を運んだ多くのファンにとって、フィギュア競技はすでに「素直に楽しめる」ものではなくなってしまった。その要因として、「複雑化、細分化し過ぎた採点ルール」が占める割合は、大きいのではないか。

今やスポーツ界全体の流れは、間違いなく「判定の正確さ・透明化」へと向かっている。その中でフィギュアだけが「ジャッジの主観・裁量による得点を肥大化」させているのは、時代に逆行する行為と言えるだろう。

また、現行のルールでは、「回転数の多いジャンプを跳んだ選手」が圧倒的に有利だ。佐藤信夫氏の著書にはこう書かれている。*10「すごい4回転を跳ぶのは、大体東洋人が多いです。なぜなら肩幅が狭いから。回転運動をさせるなら、半径の短いほうが回転スピードが上がるという物理の話なんです」。

実際、現在男子でトップを争っているのは、圧倒的に日本人を含めたアジア系だ。女子は若手のロシアと日本人。自国に白人のスター選手が育たない限り、欧米やヨーロッパでのフィギュア人気は衰える一方だろう。

ここからは私の個人的な願望だが、ISUが「スケーティングの質を評価する」方針であるのなら、是非ともステップ・シークエンス、コレオグラフィック・シークエンスの基礎点を上げてほしい。

今回のルール改正でコレオ・シークエンスの基礎点は2・0点から3・0に上がったが、GOEで最高の評価を受けたとしても、合計で5・5点。一方、ステップ・シークエンスは基礎点が変わらず、最高評価〔レベル4GOE＋5〕の評価を得ても〔基礎点3・9＋1・95＝5・85〕となり、前シーズンまでの〔基礎点3・9＋2・1＝6・

0」を下回ることになった。

フィギュアスケートが氷の上にフィギュア（図形）を描くことをその成り立ちとするならば、エッジワークの正確さと複雑性を表現するステップ・シークエンスやコレオ・シークエンスこそ、もっと重要視されていい。

非常に優れたステップ・シークエンスには、最高難度の4回転（4回転アクセルで基礎点12・50）に匹敵する点数が与えられるべき、否、与えられてほしいと思う。

そして女子は、是非ともスパイラルの復活を。ミッシェル・クワン、サーシャ・コーエン、荒川静香、中野友加里、レイチェル・フラット、浅田真央……バンクーバー五輪まで、スパイラルは間違いなく、〝女子シングルの華〟だった。

フィギュアが「絶対評価」だとはいえ、女子と男子の特性は違う。女子ならではの柔軟性やバランス感覚、チェンジエッジの巧みさなど、スパイラルもまたフィギュアという競技でしか表現できない美しさを競うエレメンツだった。

ステップ・シークエンスの基礎点見直しやスパイラルの復活は、キャリアを重ねた選手にとって、若手のジャンプに対抗するひとつの手段となりえるのではないだろうか。

そしてもうひとつ。私自身は単純に〝人間の能力〟として、演技要素を加点と減点で相殺し、「11段階で評価」するGOEを、ジャッジ全員が正確かつ公平に運用できるとは思えない。

GOEは体操のように「10点満点からの減点方式」で充分だ。要素基礎点の50％をGOE減点の上限とし、係数換算すればいい。減点要素を明確にして、プロトコルで確認できるようにすれば、採点の透明性も高まる。

いかがだろうか。

＊１　「ＩＳＵコミュニケーション第２１８６号」より、ジャンプのＧＯＥ加点採点ガイドラインは以下。
⑴高さおよび距離が非常に良い（ジャンプ・コンボおよびシークェンスでは全ジャンプ）
⑵踏切および着氷が良い
⑶開始から終了まで無駄な力が全く無い（ジャンプ・コンボではリズムを含む）
⑷ジャンプの前にステップ，予想外または創造的な入り方
⑸踏切から着氷までの身体の姿勢が非常に良い
⑹要素が音楽に合っている
※ＧＯＥの等級（加点）に対する項目の数はジャッジの裁量に任されているが、ＩＳＵが推奨する目安は、ＧＯＥ＋１が１項目、＋２は２項目、＋３は３項目、＋４は４項目、＋５は５項目以上となっている。
ただし、ＧＯＥ＋４および＋５には、⑴〜⑶の項目が満たされていなければならない。
＊２　『氷上の光と影』２００７年２月25日刊行（新潮社）田村氏は、２０１４-15年シーズンのＩＳＵセミナーで、04年に世界タイトルを取った荒川静香のジャンプ映像が「回転足らずのジャンプ」の見本として選ばれたことに対し、「もちろん出る杭は打たれるという意味合いもあっただろう」と書いている。
＊３　男子は２０１５年ＧＰファイナルの羽生結弦、女子は２０１８年平昌五輪のメドベージェワ。
＊４　『J-WAVE NEWS』２０１８年02月16日
＊５　テレビ朝日『サタデーステーション２時間スペシャル』２０１７年９月23日
＊６　『THE PAGE』２０１８年２月12日
＊７　ロシアのスポーツWeb『SPORTS EXPRESS Internet』２０１７年５月８日付
＊８　ロビン・ゾルコーヴィ。ドイツ出身の元フィギュアスケート選手（ペア）。２０１０年バンクーバー五輪、

2014年ソチ五輪銅メダリスト。
＊9　現在、ISU実況解説者、カナダ・スケート連盟ブリティッシュコロンビア／ユーコン地区エグゼクティブ・ディレクター。
＊10　『諦めない力』2018年3月5日刊（扶桑社）

第6章　すべてはソルトレイクシティから始まった

新採点システムの誕生

2002年ソルトレイクシティ五輪、フィギュアスケートペア決勝。フリースケーティング（FS）でミスをしたロシアのペアが、ノーミスだったカナダを破って優勝。これをアメリカとカナダのマスコミが「不当判定」と報道した。1964年以降、ロシアのペアは五輪ペア競技で10連覇を果たしており、北米に充満した38年ぶりの「打倒ロシア」のムードが、メディアの煽りを受け過熱した。*1

翌日開かれたISUの技術委員会では、フランス人ジャッジが「フランスの連盟会長から、アイスダンスではフランスをロシアに勝たせるかわりに、ペアではロシアを勝たせてくれと圧力をかけられた」と証言。北米メディアが一斉に大きく取り上げる中、国際オリンピック委員会（IOC）は国際スケート連盟（ISU）に「迅速な対応を」と通達。結果、疑惑発覚からわずか3日で、ISUはカナダにペア競技ふたつめの金メダルを授与したのだ。

これが「ソルトレイクシティ・スキャンダル」の大筋だ。フランス人ジャッジの発言を素直に受け止めるならば、ペアとアイスダンスのメダルを巡り、ロシアとフランスの間で取引があったと読める。そしてこの五輪では、微妙な判定は他にもあった。

女子シングルの金メダルはアメリカ、銀メダルはロシア*2だったが、この結果に対し、ロシアスケート連盟は正式な抗議文書を提出。ロシア選手団団長は「場合によっては、以降の全競技をボイコットする」と表明したが、この抗議はＩＳＵから退けられている。

さらにアイスダンスの結果についても、リトアニアがロシアと共に抗議文書を提出している。しかし、このふたつの抗議を北米のメディアが大きく取り上げることはなかった。

実はフィギュアの「判定疑惑」が世間を賑わせたのは、これが初めてではない。1998年の長野五輪でも、やはりカナダのアイスダンスチームへの採点を巡って、北米メディアが「不正」と煽り立てた。

この時、カナダ人ＩＯＣ委員のディック・パウンド氏はこう発言していた。

「このように不当な採点が行われるのであれば、アイスダンスは五輪競技から外してしまうべきだ」。田村明子氏の著書*3によれば、ソルトレイクシティ五輪での不正スキャンダルの際も、当時ＩＯＣマーケティング委員長だった彼のＩＯＣへの働きかけが大きかったという。

オッタビオ・チンクアンタＩＳＵ会長（当時）の対応は実に迅速だった。彼は五輪開催期間中に、「数日以内に新しい採点システムを提案する」と表明したのだ。

そしてそのわずか2日後、「判定における国と国の間の裏取引を防ぐための画期的なシステム（新採点システム）」の素案が、チンクアンタ会長から発表された。

ターニングポイントはＩＳＵ京都総会だった

この当時、ＩＳＵの副会長は日本人だった。

元フィギュア選手の久永勝一郎氏だ。１９９８年から２００２年まで、アジア人としては初のＩＳＵ副会長を務めている。一方、その4年前に会長に就任していたチンクアンタ氏はスピードスケート出身のイタリア人だ。

スケート界の構造が、「フィギュアで得た放送権料、興業収益をスピードスケート、ショートトラックに回す」ことで成立しているのは、ＩＳＵも各国スケート連盟も同じだ。主流派であるチンクアンタ会長と、フィギュア出身者を中心とした反主流派が反目し合うのは、当然の成り行きだろう。

ソルトレイクシティ五輪の2カ月後に行われたＩＳＵ総会は、京都で行われている。久永氏の誘致活動が功を奏した、アジア初の開催だった。

『週刊朝日』（06年5月26日号）によれば、当時、ＩＳＵ副会長でアジア連盟会長でもあった久永氏は、絶頂期を迎えていた。彼が胸に秘めた野望は、「ＩＳＵからのフィギュア部門の独立」。まずはこの総会でＩＳＵ副会長の再選を果たすため、ＩＳＵ理事への多数派工作を展開していたという。

久永氏は副会長選前夜、日本スケート連盟の資金をつぎ込み、新理事候補を密かに京都市内の料亭に招いた。この件については久永氏自身が『週刊朝日』の取材班に対し「フィギュアが独立するには、まずＩＳＵ内で理事数の多数をフィギュアが取らなければならない。だから、総決起大会を開いたんだ」と答えている。

ところが、事態は思わぬ方向へ進んだ。

「その晩、韓国の役員が『久永はどこだ』と捜し回って決起大会のことを知り、『久永は一部の人間だけ接待している』と言って、久永再選に反対の理事を結集させた。決起大会は裏目に出たんです」（前出の『週刊朝日』）

この総会最大の争点は、「新採点システムプロジェクト」の承認だった。結果、旧採点法を支持した久永派は、新採点システムを推進するチンクアンタ会長派に敗れ、プロジェクトは承認された。さらに最終日に行われた副会長選で久永氏は落選する。

新たに副会長として選出されたのは、カナダのデヴィッド・ドレ氏。そして前出の『週刊朝日』に登場する「韓国の役員」とは、当時ISU理事だったチャン・ミョンヒ氏だ。スピード出身のミョンヒ氏は92年からスピード部門の技術委員としてISUに在籍。チンクアンタ会長にとっては、ISUからフィギュア独立を防いだ功労者となった。

この時点で、ISU内での日本と韓国の立場は逆転。存在感を増す韓国に対し、日本は影響力を失っていった。

ISU総会の翌年、日本スケート連盟は3月13日付でISUへの抗議文書を送っている。[*4] その主内容は以下の通り。

・ISU京都総会では、新採点システムの開発・試験の「プロジェクト」が承認されていたにもかかわらず、同年12月、ＩＳＵは「総会で（プロジェクトではなく）、ルールが採択された」旨、正式に表明したこと。

・当初、ソルトレイクシティ五輪での採点不正疑惑への対応策として認識されていた「新採点方式の開発プロジェクト」が、実際には２００１年の秋か、それより前から秘密裏に計画・準備されていたこと。

・新採点システムが承認されたとするＩＳＵの発表に至る過程は、組織規程と特別規定違反であること。

その一方、ほぼ同時期に、新採点システムに反対するアメリカを中心とした一部勢力が、ＩＳＵからフィギュア部門のみを独立させた新団体「ＷＳＦ」の設立を宣言した。ところが、アメリカフィギュアスケート協会は、「選手たちがＩＳＵから資格停止処分を受け、五輪出場ができなくなる」ことを理由に、その支持を見送った。

これにより、「ＷＳＦ」支持を目論んでいた久永氏の思惑は外れ、組織は雲散霧消。久永氏のＩＳＵ内での影響力は、ほぼなくなったとされている。同時にアメリカの影響力も弱まり、北米の力関係はカナダが圧倒的な優位に立った。

久永氏はその後、日本スケート連盟内で経費の私的流用が明らかとなり、２００４年６月、同連盟会長を退任した。

国家の威信をかけた「バンクーバー・プロジェクト」

ここで舞台を韓国に移そう。

韓国フィギュア界の象徴といえば、誰もがキム・ヨナを思い浮かべるだろう。しかし、韓国フィギュア界の軌跡は、彼女の登場よりも前、１９９７年の春に遡る。

ＩＯＣ委員でサムスングループ会長だったイ・ゴンヒ氏により、「冬期五輪誘致プロジェクト（のちのバンクーバー・プロジェクト）」が立ち上げられたのだ。[*5] 当時の韓国は冬季五輪誘致を目指してはいたものの、冬季競技での目立った実績はショートトラックのみだった。

イ・ゴンヒ会長は、韓国が冬季五輪誘致を有利に進めるためには、冬季競技の象徴とも言えるフィギュア、スピード、そしてショートトラックの、「スケート部門３種目の金メダルが必要だ」と考えたのだ。降雪の少ない韓国においては、スキー種目よりもスケートに注力するのが得策という考えもあったかもしれない。

サムスンはその後、毎年7億～8億ウォンを大韓スケート連盟の選手強化支援に支出。２０１０年まで13年間に渡る支援は、１２０億ウォンに達したという。連盟はサムスンからの支援金を活用し、スピードとフィギュア部門の有望な若手の発掘、育成を目的とした大会を新設。賞金と奨学金も掲げた。サムスン電子がＩＯＣの公式スポンサーになったのは、プロジェクト開始から1年後、98年のことだ。

そしてプロジェクト開始から３年、大韓スケート連盟は１人の少女に白羽の矢を立てる。新人発掘大会で3年連続優勝した、キム・ヨナだ。

日本ではキムについて、「フィギュア不毛の地、韓国から突然現れた天才少女」といった報道が多かったが、実際には彼女の練習環境は非常に恵まれたものであった。*6

キムは２００２年に「トリグラフトロフィー」（スロベニア）のノービス部門で国際大会初優勝を果たすと、一気に「韓国フィギュア界の星」として注目を集める。03年には「ゴールデンスピン・オブ・ザグレブ」（クロアチア）のノービス・ジュニア大会「ゴールデンベア」で優勝。その後の、04年ジュニアＧＰブダペスト杯（ハンガリー）、

05年ジュニアGPスロバキア杯（スロバキア）、同年ジュニアGPソフィア杯（ブルガリア）、ジュニアGPF（チェコ）、06年世界ジュニアスケート選手権（スロベニア）と、ジュニア表彰台のトップに立ったときは、なぜかいつも旧東側諸国での試合だった。

韓国紙『セゲイルボ』（17年6月22日付）は、「韓国はソウル五輪（88年）を前後に、旧ソ連および東欧圏と活発な接触を行う一方、貿易と外交面で文化を開放して、北方政策で韓国人の行動半径を冷戦体制の彼方まで広げる努力を傾けた」とある。

実際、1990年代後半の東欧は、製品価格の安さを前面に押し出した韓国企業の進出が目覚ましかった。ジャーナリストの西村幸祐氏は、当時のことをこう振り返る。

「1997年に、ワールドカップ フランス（1998年）予選の取材で中央アジアへ行きましたが、ソウルからタシケント（ウズベキスタン）まで、アシアナ航空の直行便を利用しました。当時はモスクワ経由が一般的だったので、ソウルから中央アジアへの直行便があることに非常に驚いた。タシケントから乗り継ぐと、当時韓国企業が積極的に進出していた東欧諸国が非常に近くなります。タシケントやアルマトイ（カザフスタン）の空港には、現代、サムスンの広告があふれていたし、カザフスタンにはキアの車が多かった」。

韓国財界と関係の深い東欧諸国で実績を積み重ねたキムは、2006-07シーズンからシニアの大会へエントリーする。

07年は、2014年冬季五輪開催地が決定した年だ。2度目の立候補だった韓国は、IOC評価委員会による事前のレポートでもっとも有力視されていたにもかかわらず、決選投票の末、ソチに敗れている。

IOC総会において招致を訴えるスピーチでは、ロシアのウラジーミル・プーチン大統領が、公の場で初めて英語でスピーチを行い、周囲を驚かせた。プーチン大統領が示した圧倒的な存在感の前では、ノ・ムヒョン大統領の印象はあまりにも薄かった。韓国が「五輪招致の〝顔〟」の重要性を再認識したことは間違いない。

2度目の招致に韓国が費やした金額は4000万ユーロ（約67億円）[*7]。3回目の立候補となる次回（2018年冬季五輪招致）は絶対に負けられない戦いだった。

韓国が国家の威信をかけた一大プロジェクトの実現に必要不可欠と考えた最大のピース。それがキム・ヨナの金メダルだったのだ。

キム・ヨナが平昌招致委員会の招致大使に任命されたのは、09年。以来、IOC委員でもあるイ・ゴンヒ会長とともに招致活動に参加。IOC総会では英語でのスピーチに臨んだ。そしてキムが金メダルを獲得した翌年、2018年冬季五輪開催地は平昌に決定する。2003年の立候補から3度目の挑戦となる、悲願の達成だった。

以下、韓国スポーツ界で起きた出来事を列挙する。

・96年　2002年サッカーワールドカップ日韓共催決定
・97年「冬期五輪誘致プロジェクト（のちのバンクーバー・プロジェクト）」開始
・98年　サムスン電子がIOCの公式スポンサーに
・02年　韓国国内での五輪誘致最終候補が平昌に決定
　　　　龍平リゾート（平昌五輪スキー会場）が『冬のソナタ』のロケ地に
・02年　ISU京都総会にて久永副会長が落選。カナダのデヴィッド・ドレ氏が新副会長に。チャン・ミョンヒ理事がアジア最高権力者に。
・03年　2010年冬季五輪がカナダのバンクーバーに決定。平昌は落選

・04年　チャン・ミョンヒ理事がアジアスケート連盟会長就任
・05年　キム・ヨナが2014年平昌冬季五輪誘致の「招致名誉大使」に任命される*8
・07年　2014年冬季五輪開催地にソチが決定。平昌が敗れる
　　　07-08、08-09のショート・トラック ワールドカップのスポンサーにサムスン
・09年　キム・ヨナが平昌招致委員会の招致大使に任命される
・10年　キム・ヨナ、バンクーバー五輪で金メダル
・11年　2018年冬季五輪開催地に平昌が選出される

バンクーバー五輪後、ネットに掲載された『週刊ナイマガ』の記事*9に掲載されたアメリカ人記者の話が、浅田ファンの間では大きな話題となった。

「フリーの後、キム・ヨナとカナダのロシェットの点数だけが異様に高いと、ヨーロッパの審判団の中でも首を傾げる人物もいたそうです。キム・ヨナの演技が終わった後、韓国人とカナダ人、そしてもう一人、東欧の審判が顔を見合わせてニヤリとしていたそうなんです。それはロシェットの時もそうでした。疑いたくないが、彼ら3人の動きが

気になるのは事実です」

ＦＳのジャッジパネルには、「東欧の審判」として、スロバキアとポーランドのジャッジがいた。さらに技術パネルにもスロバキア人が入っていた。

国と国とのパワーゲーム

旧採点システムの時代、ＴＶに映し出される点数を前に、「ソ連がまたアメリカの選手に辛い得点をつけた」「アメリカの選手だから、アメリカとカナダの審判の点数は甘いよね」といった会話が交わされるのは、ごく普通の光景だった。

フィギュアスケートの国際試合が「国と国とのパワーゲーム」であることは、小学生ですら知っている既成事実だったのだ。

ソルトレイクシティ五輪の判定を巡り争ったのは、ロシアとカナダ。

ＩＳＵ京都総会で、日本を失脚に追い込んだのは、恐らく新採点システムの構築に関わったロシア、カナダ、フィンランド、そしてドイツだ。[*10] 韓国がこれに加勢した。

この総会で技術委員会委員長に就任したロシアのアレクサンドル・ラケルニク氏（現

ＩＳＵ副会長）が一番最初にした仕事は、ソルトレイクシティ五輪の判定でカナダを支持したアメリカ人ジャッジに、不信任の告発を突きつけることだった。*11

戦う相手が変われば、組む相手も変わる。

採点システムが変わったからからといって、同様のことが行われないと、どうして言えるのだろう？　ルールを運用する組織も、人間も、変わっていないのに？

ソルトレイクシティ五輪の採点を巡りＩＳＵが決めた処分は、フランス人ジャッジとディディエ・ゲヤゲ　フランス連盟会長に対する、３年間の国際試合出入り禁止とトリノ五輪への出入り禁止、たったこれだけだ。根本的な人事改革は一切、行われなかった。

しかもゲヤゲ氏はいったんフランス連盟会長から退いたものの、３年後には再選され、現在もフランス連盟会長の座に納まっている。敗れたものの、16年のＩＳＵ総会では会長選に立候補した。

問題のペア競技の際、技術パネルに入っていたロシアのラケルニク氏にいたっては、ＩＳＵ技術委員会委員長からＩＳＵ副会長へと、むしろ権力を拡大している。

しかも、かつてのソ連は崩壊し、ロシアをはじめ独立したいわゆる東欧15カ国が、Ｉ

SUの中でそれぞれ議決権をもつようになった。「旧ソ連対北米」の対立は、より複雑化、激化しているのだ。

新採点システムでルールが改正されたとしても、ISUが選んだジャッジが偏向していたら、意味はなさない。そしてジャッジの多くは、表彰台には縁がないフィギュア弱小国から選ばれている。ISUはそうした弱小国に助成金を支払うことで、その影響力を保つ。

試合のプロトコル（採点表）など、よほどのフィギュア好きでなければ目にする機会もない。旧採点時代よりもシステムが複雑になった分だけ、むしろ駆け引きは水面下でより巧妙に、慎重に、行われるようになっている。

IOCにとって、冬季五輪におけるフィギュアは視聴率、観客動員等の優等生だ。サムスンは依然として五輪トップスポンサーでもある。「次に不正が発覚したら、五輪競技から外される」ことが枷《かせ》になっていると見る向きもあるが、ISUにこうしたIOCの計算がわからないはずがない。

それでも、「ジャッジになるためには、膨大な時間と労力が必要だ。しかもボランティア同然のジャッジが、不当判定をするなどあり得ない」と主張する人はいるだろう。しかし、ジャッジをISUに推挙するのは各国の連盟だ。しかも、フィギュアのジャッジは選手との距離が近い。

ブライアン・オーサーコーチはバンクーバー五輪前、「2週に1回はヨナとお母さんと一緒に、国際スケート連盟の技術役員らを呼んでミーティングをしている。ここで、ジャンプの詳細な得点の計算や、スピンの内容、ライバルの演技、衣装まで、細かく戦略を考えている」と語っていた。*12

こうした事実を知って尚、「ジャッジは中立公平だ」と主張する人は、フィギュア界の常識に染まり、感覚が麻痺しているだけだ。

リレハンメル及び長野五輪男子シングル銀メダリストであるエルビス・ストイコは、バンクーバー後のインタビューでこう話している。

「ISUは誰が勝つか負けるかコントロールしたがっている。ジャンプよりもPCSに重きをおけば、彼らは好きなようにできる」

＊1　ロシアはエレーナ・ベレズナヤ&アントン・シハルリゼ、カナダはジェイミー・サレ&デヴィッド・ペルティエ。
＊2　金メダルはサラ・ヒューズ（アメリカ）、銀メダルはイリーナ・スルツカヤ（ロシア）
＊3　『氷上の光と影』（新潮社）田村明子著　ディック・パウンド氏は世界反ドーピング機関元会長、世界反ドーピング機関（WADA）第三者委員会元責任者。
＊4　「日本スケート連盟からISUへの抗議文和訳1」「日本スケート連盟からISUへの抗議文和訳2」は、JSF公式サイト内で閲覧可能。また、全英文は、"Text of JSF Protest Letter to the ISU"で検索可能。いずれも2018年10月現在。
＊5　『『Chosun Biz』2010年2月20日付
＊6　『Number 747号』（文藝春秋）「キム・ヨナ誕生の秘密を探る」には、「1日3時間、週に6回、フィギュアだけでリンクを占有し、練習に打ち込めた」とある。また『朝鮮日報』2016年11月20日付では、05年、当時15歳だったキムが「室内リンクでただ1人、練習に取り組んでいた」とある。この頃には年間を通し、ほぼ貸し切り状態で一日中、リンクの使用が可能だったようだ。
＊7　『AFP』2007年7月5日付「2014年冬季五輪 開催地はソチに決定」
＊8　＊10　ブログ『★フィギュアスケートのヴィーナス★』モスクワの鐘氏より、情報提供いただいた。
＊9　『デイリーニュース』2010年2月26日付「五輪女子フィギュア 謎の韓国人審判の笑顔」
＊11　『USA Today』2002年10月2日付「Figure skating's Cold War heats up」（ブログ『★フィギュアスケートのヴィーナス★』モスクワの鐘氏よりブログ未掲載の情報をご提供いただいた）
＊12　『Number747号』（文藝春秋社）2010年2月18日号

第7章 金メダルは「組織の勝利」なのか

組織によるパワハラは今も昔も変わらない

2018年はスポーツ界の抱える問題が次々に表面化した年だった。女子レスリング、日大アメフト部、日本ボクシング連盟、日本体操協会、さらに日本ウエイトリフティング協会……特に日本体操協会におけるパワハラ問題は、女子選手による告発という衝撃的な展開となった。報道陣のカメラを前に、毅然とした態度で会見に臨む宮川紗江の姿に感銘を受けると同時に、18歳の少女が声を上げざるを得なかった組織の理不尽に胸が痛んだ。

スポーツ界に内在するパワハラ問題──「選手は競技団体に服従して当然」という無言の圧力は、何十年も前からあったことだ。国際オリンピック委員会（ＩＯＣ）は各国の1競技につき1団体しか公認していないため、選手はその団体に所属することでしか五輪への出場は叶わない。

不満や問題を口にすることで生じる不利益を考えれば、「理不尽にも耐えるしかない」状況であることは、容易に想像がつく。スキャンダルが発覚したのは、競技人口の少ない競技ばかりだ。その閉塞感がパワハラを育てる。

「このままではオリンピックに出られなくなるのよ」という塚原千恵子女子強化本部長（当時）の言葉で思い出したのは、かつての伊藤みどりだった。

その過程は、２０１５年『Ｎｕｍｂｅｒ』８７２号に掲載された山田満知子コーチのインタビューに詳しい。

'82年。伊藤が中学生になり、世界ジュニア選手権を控えた頃のことだ。日本スケート連盟（当時は財団法人。ＪＳＵ）は、伊藤を5歳から指導していた山田コーチにも、もちろん伊藤本人にも知らせずに、五輪金メダルへの「道」を用意していた。日本オリンピック委員会（ＪＯＣ）の協力も得て、新コーチも決まっていた。おそらくは海外留学だ。山田コーチは伊藤を引き留めることなく、「親として」伊藤に「自分で決めなさい」と話したという。

悩んだ末、伊藤が山田コーチの元に留まる決断を連盟幹部に伝えたときの様子を、山田コーチはこう語っている。

「２度断ったのに受け入れてもらえず、あげくは『そんなに反抗するなら、試合に出さない』と言われたらしかった」。伊藤は文字通り号泣した。『先生、どうしよう。私、もう試合に出られない』と言い、泣きじゃくった」

怒った山田コーチは連盟に電話をかける。

「強化選手からは外してくださって結構です。でも、日本国民である以上、エントリーはできるでしょう。試合に出られないということはないんじゃないですか」。

連盟は国際試合への選手派遣や強化選手の任命など、選手の競技生活を左右する決定権を握っている。才能、実力ともに唯一無二の、伊藤みどりでなければ、連盟に抗うことなど不可能だっただろう。

長い間、この一件を一切口外することのなかった山田コーチは、当時を思い出すと「今でも泣けてくる」という。「子供相手にひどすぎる」。

「伊藤みどりプロジェクト」

とはいえ、物事にはいくつかの側面があるものだ。別の方向から見れば、状況はまったく違ったものとなる。

94年から06年まで日本スケート連盟フィギュア強化部長を務めた城田憲子氏は、その著書『日本フィギュアスケート 金メダルへの挑戦』（新潮社）で、「私はまだ選手の強化に何ひとつ決定権を持たない立場でしたが」と前置きしつつ、こう振り返っている。

「私自身がスケートにかかわってきた人生を振り返る際、必ず思い出す光景がここにあります。品川プリンスホテルに集まっていた連盟の幹部たちが、10年計画でもって彼女（伊藤）をオリンピック金メダリストに押し上げることを揃って誓い合ったのです」。

当時の連盟幹部たちが「考え得る限りの戦略と課題をより具体的に立てて」進めたそれは、「伊藤みどりプロジェクト」と呼ばれていたという。

まずは伊藤にしっかりとした実力をつけさせ、世界ジュニアの上位に食い込ませる。その後、日本に世界ジュニア選手権を招致して伊藤を表彰台に上げ……。10年にわたる計画に軌道修正はあったものの、伊藤は89年フランス・パリ開催の世界選手権で女子シングルでは大会史上初となるトリプルアクセルを決め、優勝。92年フランス・アルベールビル五輪で銀メダリストとなった。

しかし、城田氏自身は伊藤の銀メダルについて「日本に帰国するまでのことが何一つ思い出せないほど」強烈な悔しさに襲われたという。それは「みどり一人ではなく、私たち日本スケート連盟の敗北」だった。

日本フィギュア界の黎明期、世界の頂点を極める選手を育てるまでには、大変な苦労と努力があったことだろう。組織力が不可欠なことも事実だろう。しかし、城田氏のストーリーの中に、「誰にも文句を言われないくらい、強くなろう」と互いに支え合い切磋琢磨した、コーチと選手自身の姿は見えてこない。

「あのとき（銀メダル獲得時）は、私よりも、連盟の方々が盛り上がっていた気がします。自分たちの功績って感じ」（前出『Ｎｕｍｂｅｒ』より山田コーチ）。

日本スケート連盟を揺るがせた「不正会計事件」

城田憲子氏の存在が広く世間に知られることとなったのは、06年トリノ五輪から3週間後、朝日新聞がスクープした日本スケート連盟の不正会計処理問題がきっかけだった。

「スケート連盟元会長と『女帝』スイートルームの夜」（週刊朝日２００６年3月31日号）、「荒川静香の賞金をピンハネしていたスケート連盟の女帝」（週刊文春２００６年

3月23日号)、「スケート連盟スキャンダル発掘スクープ 前会長死直前の告発文書」(AERA 2006年5月15日号)、「カネと欲にまみれた華麗なる世界　不正疑惑に大揺れの日本スケート連盟」(中央公論2006年6月号)と、当時の雑誌にはセンセーショナルなタイトルが並んだ。

右記記事に共通する「不正会計事件」のあらましは以下の通り。

・連盟は2001年からの3年間で約21億円の資金を使い、1億5千万円以上の赤字を出した。余剰金は98年の約5億円から、05年には約2億円にまで減少。

・98年から04年まで日本スケート連盟会長を務めた久永勝一郎氏は、フィギュアの国際大会などを運営する国際事業部を連盟本体から分離し、事務局を自身が社長を務める健康食品販売会社「日本メディセル」内に移転。家賃として毎月25万円、約6年間で計約1700万円を連盟側から受け取っていた。

・「日本メディセル」は連盟に対し、国際イベントの際に配る記念品を独占的に納入。総額は4500万円以上。同会社は5%程の転売益を得ていた。

・不正発覚後、日本スケート連盟は久永元会長を告訴。2007年には背任罪で懲役3

年執行猶予5年の有罪判決となった。

久永元会長が連盟の「ドン」として君臨していた当時、その傍らで辣腕を振るったという「女帝」こそが、城田憲子氏だ。久永氏の会社「日本メディセル」創立時の筆頭株主であり、同社取締役。02年ソルトレイクシティ五輪には、同社所属の監督として日本代表選手団に名を連ねている。事務局となっていたマンションの部屋は城田氏の所有。朝日新聞の取材に対し、「日本メディセル」のある役員は、久永、城田両氏の配当金を同じ口座に振り込んでいたと証言している。

そもそも、元アイスダンスの選手で70年に連盟入りした城田氏が、94年にフィギュア強化部長に就任し、翌95年には異例とも言われる早さで連盟理事に抜擢されたのも、久永元会長の強い後押しがあったからとされている。不正発覚によって他7人の理事とともに引責辞任したものの、連盟が城田氏を告訴することはなかった。

辞任からわずか2年半で連盟復帰

城田氏は辞任後「一から出直すために」単身カナダに渡ったという。

２００６年６月、日本スケート連盟は新会長に橋本聖子氏を選出。フィギュア委員長に国際スケート連盟（ＩＳＵ）フィギュア技術委員（当時）の平松純子氏、強化部長には城田氏の側近だった伊東秀仁氏が就任し、新体制を発足させる。

しかしその2年後の08年6月、約1億円の赤字を出した07年世界選手権の運営の責任をとるかたちで平松氏がフィギュア委員長を退任すると、後任に伊東氏が、強化部長にはやはり城田氏の部下だった元強化副部長の吉岡伸彦氏が就任した。

伊東、吉岡両氏の幹部就任で城田氏復帰の道筋は整ったのだろう。その3カ月後の9月には、連盟は城田氏と、同じく不正会計問題で理事を引責辞任した尼子健二・元フィギュア副部長を、ＧＰシリーズにジャッジとして派遣することを決めた。

伊東フィギュア委員長はその理由について「国際審判資格は個人の資格であり、連盟が活動を妨げて資格を失わせることはできない」と説明しているが、これは詭弁に近い。「資格を失わせる」ことと「ジャッジとして派遣」することは何の関係もない。

ＩＳＵ公認の国際試合へのジャッジ派遣は、各国連盟にその任命権がある。不正の疑いが晴れたとは言い難い人物を、連盟が、公正公平を旨とするジャッジとして推挙する。

悪い冗談のようにしか思えない。

田村明子氏の著書*1には、「現在（07年当時）日本人でＩＳＵジャッジの資格を有するのは、加藤（真弓）さん含め、10人ほどしかいない」と書かれている。10人の有資格者がいるにも関わらず、２人をあえて派遣する理由は何だったのだろう。

その後、連盟は09年1月の理事会で、城田氏を2月の四大陸選手権代表チームの支援スタッフに加えることを決定。続く3月の世界選手権には「安藤（美姫）、村主（章枝）、織田（信成）の３人限定の支援スタッフ」として派遣。５月にはついに強化部復帰を正式に承認した。

城田氏は前述の著書で、復帰のいきさつについて「09年の初め頃のことだったでしょうか」（中略）「連盟から『村主と織田から城田さんの力が借りたいという要請があったので、力を貸してやって欲しい』と、オファーがありました」と書いている。選手強化とは距離を置いていたにもかかわらず、自分を必要としてくれた2人に、「自分がやってきたことは間違いではなかった」「涙が出るほどの喜び」を感じたという。

何とも美しいエピソードだが、現実はもっと泥臭い。以下、毎日新聞のデジタル版

（2009年1月20日付）を引用する。
「（08年）12月26日深夜、長野市内のホテルの一室。フィギュアスケート関係者数人が集まり、ワインを傾けていた。中心は、かつてフィギュア界の『女帝』と呼ばれた城田憲子・元日本スケート連盟フィギュア強化部長。数時間前に同市で行われた全日本選手権男子で初優勝した織田信成の母・憲子コーチも同席し、城田氏に『息子は城田さんが考えた通りになった』と礼を言った。」

織田は07年夏に飲酒運転で検挙され、このシーズンを棒に振っていた。翌年のGPシリーズNHK杯に続く全日本選手権での優勝は、4月から師事したニコライ・モロゾフコーチの存在が大きい。同時期に不調を抱えていた村主も後を追うように門下に入り、同選手権で2位と復活を遂げていた。

そしてこの2人とモロゾフコーチとの橋渡しをしたのが、城田氏だったというのだ。そうなると、村主、織田による城田氏復帰の要請は、モロゾフコーチ紹介に対する「恩返し」だったと考えるのが自然だろう。

さらに記事では、意気揚々とした城田氏のコメントも紹介している。

「次は髙橋大輔よ」。

実は髙橋大輔は、モロゾフコーチが織田の指導を引き受けたことを理由のひとつとして、彼との師弟関係を解消していた。髙橋を中学生の頃から指導していた長光歌子コーチは日本経済新聞のインタビュー記事で「髙橋がモロゾフコーチの元を離れた後、ブライアン・オーサーコーチにつくことを薦めたが、答えはNO」だったと話している。*2

不正会計事件の後、城田氏が渡航した先はカナダ。これはあくまで推測だが、髙橋にオーサーコーチを薦めたのは、城田氏ではなかったか。

五輪出場権を争う同国のトップ選手が同じコーチにつく例はほとんどない。モロゾフコーチが髙橋に黙って織田を迎えたことで、髙橋が彼の元を去ることは容易に想像できたはずだ。著書にはオーサーコーチに「いずれは日本のトップ選手の指導をお願いします」と依頼しはじめたのは09年2月頃と書かれているので、実際にはもっと早くからアプローチを開始していただろう。

かつて荒川静香に金メダルを獲らせるために、城田氏がリチャード・キャラハンとタチアナ・タラソワという、アメリカ、ロシアの著名なコーチ2人を激怒させたのは有名な話だ。[*3] コーチを依頼するときには少々強引でも低姿勢で。辞めさせるときには何の前触れもなく事後報告なのだから当たり前だ。

「勝つためにやるべきことはすべてやる」城田氏に、「急な指令に戸惑いながら」「荒川はいつでもついてきてくれた」。これこそが城田氏に成功体験として刻まれた「金メダルへの道」だったのだろう。

「日本女子シングル史上初の金メダル」の次は、「日本男子シングル史上初の金メダル」獲得へ。レールは確実に引かれていた。

「チーム・城田」は異例尽くし

城田氏の仲介により羽生結弦がオーサーコーチに師事することが決まったのは、12年春。その6年程前から羽生を指導していた阿部奈々美コーチは、羽生が練習拠点をカナダに移すことをインターネットのニュースで知ったという。[*4]

ともあれ羽生はキム・ヨナを目標に、彼自身の意志でオーサーの元へ行くことを選んだ。[*5] 常に「勝つため」の選択ができる合理性は羽生の強さでもある。

その後、羽生結弦が五輪2連覇を成し遂げたのは周知の事実だが、その道のりは「異例」尽くしのものであったように思う。

・ソチ五輪では、フィギュア勢でただひとり選手村に入らず、日本選手の支援拠点「マルチサポートハウス」に宿泊[*6]。

・ソチ五輪では海外記者が集まる五輪個人戦直前会見を欠席[*7]。

・16年全日本選手権をインフルエンザで欠場するも、世界選手権の代表に選出。

・17年全日本選手権の同大会史上初の特例シード権[*8]を与えられる。

・17年全日本選手権を右足関節外側靱帯損傷のため欠場。五輪代表に選出。

・18年全日本選手権の特例シード権を与えられる。

城田氏が羽生の所属するANAスケート部の監督に就任したのは、ソチ五輪後の16年3月。羽生は平昌五輪シーズン、怪我のためにGPシリーズNHK杯を欠場。シーズン0勝のまま、実質的な五輪選考会である全日本選手権も2年連続で欠場したが、特に問題視されることなく平昌五輪代表に選ばれた。

前シーズンの世界選手権覇者、つまり「現世界王者」という羽生の実績は、五輪派遣選手としては充分な裏付けだ。この特例に異議を唱える人は多くない。

ただし、スキーやジャンプ、そしてスピードスケート等、冬季に限らず他の競技も含めた派遣選考で、「五輪シーズンに成績を残しておらず、怪我で選考会を欠場した選手」が選ばれた例を、私自身は寡聞にして知らない。

五輪代表選考という重大な局面で、少なくとも診断書の提出は必要だったし、[*9]その後の定期的な診察の報告は義務づけるべきだったのではないだろうか。

かつて安藤美姫がイタリア合宿を辞退した07年、伊東フィギュア強化部長（当時）は、米国で「左膝内側側副靱帯裂傷」等と記入された診断書が整形外科医のものでなく、手書きだったことを指摘。「整形外科医による診断書を出すように言った。ＭＲＩ検査での医師の所見も送ってもらう」とコメントしている。ソチ五輪後、世界選手権を辞退した髙橋大輔も、診断書の内容を公開している。

何より気になるのは、試合後に行われた記者会見での羽生自身の言葉だ。彼は前年の11月、怪我の翌日受診した大阪の病院で右足関節外側靱帯損傷と診断され、10日間の絶対安静」を言い渡されていた。以降、怪我については「詳細がよくわからない状態」

「何の治療が最適なのか、ちょっとよくわからない状態」のまま、痛み止めを飲んで練習や五輪に臨んでいたという。

詳細がわからずに、どうやって治療やリハビリの方針を決めていたのだろうか？

羽生の専属トレーナーを務める柔道整復師の菊地晃氏は五輪後のインタビュー[*10]で、11月の怪我の後、最初に羽生に会ったのは「平昌五輪のホテルの部屋」と話している。羽生が小学校3年生になる頃から診ていたとはいえ、怪我の経過を把握していないトレーナーが五輪に帯同していたことも驚きだ。

最善の選択はJISSだった

東京都北区にある国立スポーツ科学センター（JISS）は、日本の国際競技力向上への支援を目的に2001年に設立された。同施設内にあるメディカルセンターで整形外科医として勤務する中嶋耕平氏の記事[*11]☆（ブログ「★フィギュアスケートのヴィーナス★」より情報を提供いただいた。☆は以下同）によれば、

「先進的なトレーニング設備を備え、スポーツに関する知見が蓄積されているだけでな

く、怪我の治療やリハビリなどスポーツ医療の分野でも最先端の施設」とある。さらに「通常の医療機関と大きく違うのは、怪我を治すだけでなく『この大会までに』というように、具体的な競技復帰を見越した治療やリハビリのプランを立てるところです」☆。

ＪＩＳＳはＪＯＣ、各競技団体と連携している。16年に左股関節を疲労骨折した宮原知子も、この施設でリハビリを行った。

羽生の怪我を治す最良の選択は、ＪＩＳＳだったはずだ。日本スケート連盟は、なぜここでの検査・治療を選ばなかったのだろうか。

当初、全治約３～４週間とされていた怪我は、３カ月後の五輪個人戦に至っても、痛み止めを飲んで「立つのがやっと」な程、回復が遅れた。「詳細がよくわからない状態」での競技復帰がいかに危険なことであるかは、誰でも容易に想像がつく。

羽生自身の将来にも影響しかねない重大な問題に対し、イニシアチブを取らなかったのは、連盟の失策と言っていいだろう。何より城田氏の意図が測りかねる。

もうひとつ気になるのは、前述の記事に「ＪＯＣが派遣する選手は、全員ここでメディカルチェックを受けることが義務付けられている」という記載があることだ☆。

羽生は特例として検査を免除されたのだろうか。あるいは、JISSの検査をもってしても、診断がつかなかったのだろうか。だとすれば、JOCとJSFは復帰の見通しが立たないアスリートを五輪に送り出したことになる。

この件について、JOC関係者に見解を聞いた。

「メディカルチェックやドーピング検査はすべての強化指定選手は受けています。その内容を公表する義務はありませんし、個人情報となりますので言う必要もありません。

戦略上考えたうえでのことではないでしょうか?

痛み止めなどの処方内容は大会時には届け出ることになっており、大会組織委員会やIF(国際競技団体)から申請が認められれば全く問題のないことです。」

「戦略上」[*12]のことであれば、二転三転した連盟の説明や、羽生がエキシビションの練習で見せた6本の3回転半を含めた14本連続のアクセルジャンプ等々、すべて納得がいく。

納得はできるが賛同はしない。この「戦略」が、補欠選手としてぎりぎりまで調整を続けた無良崇人に伝わっていたことを願うばかりだ。

JSFはもちろん、JOCにおいても、羽生結弦の金メダルへの期待は非常に大きなものだった。それは彼が、かつて14年開催のソチ五輪に向け、ＩＯＣからの奨学金を受けていたことからも伺える。

「ＩＯＣオリンピック ソリダリティ・プログラム」と呼ばれるこの奨学金制度は、ＩＯＣが五輪放映権から発生する利益の一部を、各国オリンピック委員会（ＮＯＣ）に奨学金として分配する仕組みで、冬期五輪の選手個人に対するＩＯＣの援助は、バンクーバー五輪が初の試みだった☆。世界中の才能あるアスリートに平等なチャンスを与えることを目的とし、特にもっとも財政的に逼迫したＮＯＣ及びその所属する大陸連盟と密接な協力関係にある。返済義務はない。

アジアオリンピック評議会のウエブサイトには、[*13]「（羽生結弦は）ＩＯＣオリンピックソリダリティ・プログラムの奨学金による支援を受けて、ソチ五輪に向けトレーニングするためにカナダに渡った」と記載されている。

羽生と同時期にこのプログラムの対象となった日本人アスリートは３名。スピードの加藤条治とリュージュの金山英勢だ。２０００年シドニー五輪以降の夏期大会で、このプログラムの対象となった日本人アスリートはいない☆。

２０１０年度決算の時点で、ＪＳＦの純資産は11億円近くに膨らんでいた。ＪＯＣは、他競技と比べ資産が潤沢なＪＳＦから、あえて２名を推挙したことになる。そもそも、同じく10年度の決算で17億円を超える正味財産を保有していたＪＯＣが「もっとも財政的に逼迫したＮＯＣ」に該当するのだろうか☆。

11年の震災で、羽生の自宅があった県営住宅は「全壊認定」を受けている。練習拠点だったアイスリンク仙台は４ヵ月間の閉鎖を強いられ、羽生自身はチャリティ演技会も含め60公演にも及ぶアイスショーに出演しながら練習の時間と糧を得ていたという。こうした背景を考慮しての奨学金交付だったのだろう。

勝たなければ意味がない

平昌五輪後、城田氏は「絶対王者」として連覇を目指した羽生について、こう語っている。[*14]

「歴史に名を刻むことができるのは金メダリストだけです」

「所属先の監督としてサポートを続けた私自身、彼を負けさせるわけにはいかないのです」

強烈に伝わってくるのは、勝利へのこだわりと、金メダルを取らせたことへの強い自負だ。著書では「五輪金メダルは『総合力』」だと書いている。「選手がどんなに優秀でも、選手を支える裏方がその素晴らしさに追いついていなければ結果はついてこない」と。

髙橋大輔については、かつてこんな言葉も口にしていた。

「今考えるとあの年（トリノ五輪）だって、大ちゃんを3番に入れることは出来たと思うのよ。もうちょっと私たち強化部もプッシュしてあげて、まず男子でメダルを取れていたら、女子はもっと楽な気持ちで臨めたのにな、と思ったり。」*15

確かに城田氏の情熱と行動力、そして戦略は素晴らしい。伊藤みどりの強化には「何ひとつ決定権を持たない立場」だったそうだから、本格的に関わるようになってからは、荒川、羽生の連覇と、3戦全勝だ。裏を返せば、日本のフィギュアは「城田氏がメダルを取らせると決めた選手以外は勝てない」とも言える。

バンクーバー五輪において、そしてソチ五輪において。金メダルに一番近かった女子は間違いなく浅田真央だった。彼女にＪＳＦの「総合力」が発揮されなかったことについては後述するが、その理由は恐らく城田氏独自の「選抜」に漏れたからだろう。

優秀な人材は他にもいるはず

城田氏と関わりの深い、トリノ五輪金メダリストでフィギュア解説者の荒川静香氏は、まさに日本フィギュア界の王道を歩んできた人物と言える。

12年にはＪＳＦ理事に、その後わずか2年で副会長に就任した。いずれも史上最年少の就任である。ＪＳＦアスリート委員会委員長も務め、18年3月には日本人として３人目となる世界フィギュアスケート殿堂入りを果たした。

ＪＳＦ橋本会長はスピードスケート出身であり、もう1人の長島昭久副会長は政治家であるから、事実上日本フィギュア界のトップは荒川氏だ。現在、ＪＳＦが抱える問題も充分に理解している彼女にこそ、フィギュア界を牽引してくれることを期待したい。

とはいえ残念ながら、荒川氏の活動や言動からは、連盟副会長としての自覚や責任感は、あまり伝わってこない。

ＩＳＵは2年に一度、各国のスケート連盟のメンバーを集めた国際会議、ＩＳＵ総会を開催する。16年6月に開催された総会では、会長・副会長・理事・技術委員会・懲戒委員会など、メンバーの選挙が行われた。22年間にわたりＩＳＵ会長を務めたオッタビオ・チンクアンタの後継者にも注目が集まる、重要な総会だった。

しかし、会議のあった16年6月6日～10日の前後、荒川副会長は北海道と大分で行われたアイスショーに出演していた☆。アイスショーの前には必ずリハーサルが行われるはずだから、日程的にスイスでの総会に出席した事実はないといっていいだろう。

16年のＩＳＵ総会の日程は、14年6月25日付のＩＳＵ通信№１８７６で発表されている。一方で荒川が北海道でのアイスショーに出演すると発表されたのは、16年の4月☆。

ＩＳＵでの人脈を広げることは、副会長という要職に就く彼女にとって、何よりＪＳＦにとって意義は大きい。ルール改正の動き等、情報を入手し、後輩選手に伝えるのも連盟副会長としての役割のひとつだ。

荒川氏は14年に開催された総会も、大きなルール改正が行われた18年の総会も欠席している。理由はおそらく、自身の結婚式と出産がそれぞれ重なったためだ。一方で、アイスショー「フレンズオンアイス」には出産後わずか3カ月で復帰した。

かねてより荒川氏自身が語っているように、プロスケーターとしての活躍は長年の夢であったろうし、現役として滑れる期間に限りがあることも理解できる。

だが、そうであるならば、彼女は副会長という職に就くべきではなかった。

この件についてJSFに問い合わせたところ、「〝副会長の公務へのご見解〟等については、調査を要する事項，個人情報を含む事実関係、評価を含む事項であるため、事務局としては対応できません」とのことだった。

副会長としての荒川氏の評価なら、すでに世間が下している。少なくとも私自身は、マスコミが彼女に「副会長としての意見」を求めているのを聞いたことがない。

批判に敏感な組織

この本の執筆にあたっては、数回に渡りJSFに取材を依頼した。しかし、返ってきた答えのほとんどは、「調査を要する事項、個人情報を含む事実関係、評価を含む事項につきましては、事務局として対応できません」。

質問事項のうち、返答のあった1件については後述するが、「自分たちにとって好ましくない案件」については、質問に答える気はないのでは？　という印象だった。

ＪＳＦだけでなく、フィギュア関係者や子供にフィギュアを習わせている保護者に至るまで、そのガードの堅さには驚くばかりだ。あるリンクで指導をしているコーチに、浅田真央のスケーティングについて伺いたいと頼んだときのことだ。彼女は私の目を見ることもなくこう言った。

「浅田さんに関わることは、どんな些細なことでも関わりたくないんです」。

そんな中、全日本選手権出場経験をもつ元フィギュアスケーターが口を開いてくれた。

「連盟が批判に対して敏感な組織であることは、現役時代も感じていました。

フィギュアは狭い世界です。そもそもリンクは少ないし、ジャッジは日当が出ることもありますが、ほぼボランティア。強化部の方がジャッジを務めることもあるので、『普段親しくしている人が、今日はジャッジ席に座っている』という状況は珍しくありません。選手強化と、第三者であるべきジャッジが距離を保ったほうがいいのはわかっていても、マンパワー不足でそれをする余裕がないのが実情です。『連盟の人やジャッジとは仲良くしておいたほうがいい』という気持ちは、選手の中に必ずあると思います。

採点に関しては、ジャッジによってプログラムの好みもあるし、採点が厳しい人とそうでない人の〝差〟も感じる。自分との相性もありますし。試合でジャッジのメンバーを見て『今日はハズれた』ってガッカリしたり。ただ、そういうのは誰でもあることだと思うので、そこはイーブンかなと。

特に大きな試合では、ジャッジ自身、そのとき勢いのある選手に高い点数を出したほうが安心するというか、無難に感じているのかな、という気はします。だって怖いじゃないですか。たまたま実力のある選手にミスがあって、自分が低い点数をつけたことで代表選考に漏れたり、表彰台を逃したら。ミスがあってもＰＣＳが下がらない選手がいるのは、こういうジャッジの心理が積み重なってのものかもしれません。

ジャンプの回転不足は跳んでる本人にはわかるものですが、その感覚は人によって違う。ジャッジと選手が同じ感覚を共有するのは難しいと思います。でも、そのためにジャッジは複数いるわけですし。それに選手が判定に疑問や不満を持ったとしても、絶対にひるがえりませんよね。ＩＳＵのルールとして抗議が認められていないことは知りませんでしたが、『点数は絶対』と選手はみんな思っているんじゃないかな。子供の頃からそう教えられていますし、不平を言って、良いことはなにもない。それよりも、『ではどうしたら勝てるか』を、選手は考えていると思います」

組織内の常識は世間の非常識

フィギュアの現実は、他の競技を専門とするスポーツ・ジャーナリストの目には、どんな風に映っているのだろう。杉山茂樹氏に話を聞いた。

「スポーツ業界はルールが各競技団体に委ねられているため、その競技独特のローカルルールや特例があまりにも多い。体操やボクシング、そして相撲界が抱える問題にしても、マスコミはかなり前から問題を把握していたはずです。でも大手メディアはもちろん、フリーランスのジャーナリストも、言わないし、書かない。書くことで競技団体ににらまれたら、その後の取材活動に支障をきたすからです。

僕の専門はサッカーですが、サッカーはスポーツ業界で唯一と言っていい程、協会やチーム運営、監督の戦術、選手個人の技術等々、ジャーナリストが批判を書いて許される競技です。もちろん、守秘すべき情報は漏らさないという常識を前提とした話ではありますが。

僕自身、批判記事を書きますが、協会の広報にも「そういう視点は必要」という認識がある。それはサッカーが世界的にリベラルな視点を持ち、ジャーナリストやファンからの辛辣な意見を受け止めながら発展してきた競技だからです。

日本では話題にもなりませんが、海外では審判の過去のジャッジ歴やチームとの相性などが新聞に掲載され、ファンも非常に詳しい。試合で不適切な判定があれば、審判は猛烈な批判にさらされます。以前はホームタウンディシジョンが「当たり前」のような雰囲気もありましたが、最近ではＶＡＲ[*16]の導入により、もはやホームタウンディシジョンが発揮される余地などなくなっています。

当然、審判の中立性、公平性はかなり高い水準で守られています。独立した組織として審判委員会があり、審判委員会が試合の直前に審判を発表します。選手との接触は厳禁ですし、審判が特定の選手に対してコメントしたり、ましてや一緒に写真を撮ったり食事なんてしたら、間違いなく資格剥奪です。

こういう競技を長く取材してきた僕から見ると、「フィギュアって、スポーツなの？」というのが率直な感想。採点競技なうえに非常に限定されたローカルルールが多く、競技自体が暗黙の了解で成り立っているのかな、と。少なくとも、審判の中立性や判定の公平性、透明性などが担保されてなかったら、スポーツとは呼びにくい。しかも一般的には五輪に出場可能なアマチュア選手が、ショーという名の興業に出て活動費を稼ぎ、その一部を連盟に上納する。ものすごく特殊な世界です。しかも公益財団法人なのに儲かってる。

五輪出場選手の選考基準にしても、その後の連盟の対応にしても、明快な説明がないのは、一般的な常識からしたら変です。でも、マスコミもジャーナリストも一切指摘しない。むしろフィギュア業界の中の人達は、曖昧なまま、穏便に事を進めることが大事で、謎を明らかにするのを望んでいる人は少ないように見えます。

ひとつだけはっきり言えるのは、協会なり連盟なり、組織内部の空気が澱《よど》んだ競技は、改革できないし、発展しない。これは確かです」

スケーター、デニス・テンの急逝

この章の最後に、18年7月19日に25歳の若さで亡くなった、デニス・テンについて書いておきたい。

私は彼の熱心なファンではなかったが、彼が母国でのフィギュア普及のために無料のスケート教室を開いたり、私財を投じて選手育成のための奨学金制度を設立したことなどは知っていた。もちろん、「カザフスタンの英雄」と呼ばれていたことも。しかし何より、上品で端正なスケーティングや穏やかで誠実な人柄に惹かれ、今までも、そしてこれからも、ずっと応援していたい選手の一人だった。

フィギュアスケートの練習環境は少々特殊で、体操のようなチームはない。選手は国という枠を超え、個別にコーチとの師弟関係を結ぶ。振付もまた国や師弟関係の枠を超え、フリーランスの振付師に依頼することが多い。コーチを変えれば練習拠点が変わるし、振付は振付師が契約するリンクに選手自身が出向くこともある。大きな試合の後にはエキシビションがあり、オフシーズンにはアイスショーがある。

同門生として、リンクメイトとして、あるいはショーで共演した仲間として。個人競技でありながら、選手同士の交流が、とても多い競技なのだ。

だからフィギュアのファンは、応援する選手の記事やSNSを通じて、さまざまな選手の素顔に触れることになる。私が知るデニスは浅田真央を介してのものがほとんどだったが、エピソードや写真の笑顔はいつもとてもあたたかく、知れば知るほど、彼のスケートが好きになっていった。

私と同じような思いを彼に抱いていたフィギュアファンは、とても多かったと思う。デニスの訃報が流れた日、彼の死を悼む多くのスケーターたちがSNSに悲痛な嘆きをアップした。それらは瞬く間に広がり、デニスの熱烈なファンはもちろん、スケート界全体を、大きな悲しみのベールで包み込んでいくようだった。

在日カザフスタン大使館には献花台が設けられ、猛暑の中、花を手向けるために4日間で約3000人のファンが列をつくった。記帳されたノートは14冊[*17]。

その一方で、一部報道は酷いものだった。「テンさん、羽生の滑りを妨害した過去」(サンスポ7月19日)。人の死に際してなお、その人の人生をあえて傷つけるような言葉を、どうして選べるのか。

「過去」とは、16年世界選手権の公式練習で、羽生結弦とデニス・テンの間で起こったアクシデントを揶揄《やゆ》するものだ。

このままでは日本人の記憶に、デニスは「羽生選手の妨害をした人」として刻まれてしまう。彼の名誉のために、事実を書いておきたいと思う。

まずは2016年当時、メディアが伝えた「妨害」の経緯は以下の通り。

男子シングルの公式練習で、羽生結弦が曲かけ練習（プログラムの最初から最後まで、通しで練習すること）中、中央でスピンをするテンに進路を妨害された。「使用曲がかかっている選手が最優先」のため、暗黙のルールを破ったテンに羽生が激怒。トップで終えたSP後の会見では日本のメディアに向け、「ビデオでも見たけど、あれは多分、故意だと思う」と発言。羽生陣営は日本スケート連盟にテン側への注意喚起を要請。小林芳子フィギュア強化部長は「適切に対処する」と応じた。

「故意だと思う」という発言の後、日本のメディアは一方的にデニスを非難する報道をはじめ、彼のSNSは一部の暴走した羽生ファンからの誹謗中傷であふれかえった。さらに恥ずべきことに、デニスが韓国系カザフスタン人であることについて、フィギュアをろくに知らない、保守を自認する人達までが、明らかに人種差別と受け取れる書き込みをおこなったのだ。

「右」「左」に関係なく、個人がどんなイデオロギーを掲げようと自由だが、韓国人だという一点に条件反射的に反応し、口汚く罵るさまは、本当に酷いものだった。

最大の問題は、日本のメディアがアクシデントの検証を行わず、羽生側の言い分だけを記事にまとめ、さらに追随するテレビ等がスキャンダラスに煽《あお》り立てたことだ。

この問題はカザフスタンでも大きく報道され、国民の間には日本での人種・民族差別を懸念する雰囲気が広がっていたという。当たり前だ。世界中の人が目にするSNSに、明らかに日本人とわかるアイコンから、大量のヘイトコメントが書き込まれていたのだから。

確かに、曲かけ練習中の選手には優先権がある。しかし6人の選手が同じリンクを使って行う公式練習では、一人の選手がリンクを独占できるわけではない。特にスピンを行っている間は近づいてくるスケーターに気づけないから、他の選手はスピン中の選手を避けて練習することもまた、暗黙のルールとなっている。

「羽生選手のジャンプの軌道上でスピンをはじめたこと自体が『妨害』だ」という意見も散見されたが、選手たちが自分以外のプログラムをすべて暗記しているはずがない。振付はシーズンの途中で変更されることもある。もしかしたら、デニスは羽生のジャンプの軌道を知っていたかもしれないが、そうだとしても、その軌道を邪魔しないためには、リンクに流れる音楽に常に耳を傾け、なおかつジャンプを跳ぶタイミングまでを把握している必要がある。

デニスを非難する人達は、試合を目前に控えた選手たちに、そこまでの負担を要求するのだろうか？

現場に居合わせたオーサーコーチ、[*18]ライターの青嶋ひろの氏[*19]と、羽生に近い立場の二人が、ともに「故意だった」ことは否定している。私自身はハビエル・フェルナンデスの言葉が、真実に近いのではないかと思う。

「ああいうことは、練習しているときでも、時々あることです。誰もが誰かの邪魔になるような場所にいる、ということがあるものだからね。僕は2人どちらの立場もわかります[20]。」

そしてデニスのコーチであるフランク・キャロル氏は、カザフスタンのメディアに対しこう話している[21]。

・アクシデントが起こったとき、他の選手はもう練習を終えていて、リンクで滑っていたのはデニスと羽生だけだった。

・デニスはリンクの中央でスピンをしていた。

羽生がＳＰで実施するトリプルアクセルは、ジャッジ席から見て左から右へ、リンクの中央を横切るような軌道で跳ぶ。確かにリンクの中央でスピンをしていたデニスは彼の軌道を遮ることになり、邪魔になったことだろう。

しかし、公式練習に使われたサブリンクが、北米によくあるアイスホッケー仕様の小さめなものであったとしても、ショートサイドの幅は約26メートルある。その中央でスピンをしていたなら、両脇にはフェンスとの間に最低でも10メートル幅の空間があったはずだ☆。しかもリンクで練習していたのは、たった２人だけだった。

そして「スピンの練習はリンクの中央で行うこと」は、多くのスケートクラブで推奨されている。私が実際に複数のリンクを訪れた際にも、選手たちは中央でスピンの練習を行っていた。実はクリケット・クラブでも「スケーティング・エチケット」として、「スピンはリンク中央で練習すること」と明記している[*22]。デニスはカナダでも通用するエチケットを守っていただけだった。

当時、一向に収束しない騒動を受け、JSFの小林芳子フィギュア強化部長からは、カザフスタン側と十分注意して練習することを確認し合った、抗議などはしなかったというコメントが[*23]、羽生とテンがと握手で和解したという報道[*24]もなされたが、カザフスタンのメディアでは、その翌日、カザフスタン共和国スケート連盟広報部長の公式会見が紹介されていた[*25]。要旨は以下の通り。

・日本スケート連盟（JSF）から電話と公式書簡を受け取った。
・JSFは我々に、ISUに対していかなるクレームも申し立てないでほしいと要請している。
・JSFはスキャンダルを大きくしないよう求めている。
・我々は一人の選手が、たとえそれがオリンピックチャンピオンであったとしても、両連盟間の関係を壊したからといって、日本の方々と争いたくはない。
・ＪＳＦは当該選手が自らの行為を大いに反省するよう、最善を尽くしている。
公式な見解としてはかなり踏み込んだ内容で、明言は避けているものの、ＪＳＦが「故意だった」という発言に対しては、非を認めているように読み取れる。

世界選手権の公式練習で、精神的なストレスを抱えていない選手などいない。デニスは怪我からの復帰直後で、周囲を気遣う余裕に欠けた部分もあったかもしれない。不注意だったといえばそうだろう。それでも私はやはり、「故意だと思う」という発言は不適切だったと思う。

最大の責任は、最後まで「妨害は故意だった」という発言を否定しなかったＪＳＦにある。会見を開かずとも、せめてマスコミを通じてのひと言があれば、問題はそこでひとまず決着していたはずだ。

そして「デニス・テンは羽生の妨害をした選手」といった報道を繰り返すのであれば、世界選手権を放送したフジテレビは公式練習の映像を堂々と公開すべきだった。「公開できない」理由がＪＳＦへの配慮ならば、メディアとしては終わっている。

しかもその2年後、デニス・テンの命は奪われてしまった。彼の人生の最後の2年間に、この問題が大きな影を落としていたのは事実であり、その発端は間違いなく日本にあった。そして、彼自身に釈明の機会が与えられることは、もう二度とない。

カザフスタンでは追悼集会が行われ、大規模な国民葬では多くの人が涙とともに「祖国の英雄」を見送った。デニスは本当に多くの国民から愛され、尊敬された人物だった。何より、リンクで共に戦ったスケーターたちの涙が、彼が故意に人を妨害するようなスケーターではなかったことを証明している。

そしてＩＯＣ、ＩＳＵは無論のこと、10以上の各国スケート連盟が公式に哀悼の意を示す中、ＪＳＦは一切の反応を示さなかった。日本はＧＰシリーズ開催国であり、今シーズンの世界選手権開催国でもある。

在カザフスタン共和国日本国大使館がそのＨＰに哀悼の言葉を掲載し、追悼集会には川端一郎特命全権大使が出席、スピーチをした☆。もはや国家外交にも関わっているにもかかわらず、弔意も示さない橋本聖子会長には、政治家としてもセンスの欠片もない。

この件に関し、ＪＳＦにはいくつかの質問を試みた。

「『故意だと思う』という発言の非を認め、カザフスタンスケート連盟に謝罪したのか?」

「JSFからカザフスタンスケート連盟に、哀悼の意は伝えたのか?」

最初の質問に対しては、「調査を要する事項、個人情報を含む事実関係又は評価を含む事項であり、事務局として対応いたしかねます」というお決まりの返事が。

ふたつめの質問には、「本連盟会長名で、カザフスタン連盟に、哀悼の意を表するメッセージを送付いたしました。」という明確な返答を受け取った。複数の新聞記者の質問にもそう答えたそうだが、そうした報道は見つけられなかったし、公益財団法人があえて非公式にメッセージを送付する理由も、私にはわからない。

彼の生前に声を上げなかったことを心から悔い、申し訳なく思う。

デニス・テンさん、ありがとうございました。

フィギュアファンはあなたのことを忘れません。

ご冥福をお祈りいたします。

＊1　『フィギュアスケートの光と影』（新潮社）２００７年２月発刊
＊2　『日本経済新聞』２０１０年５月26日夕刊「男子こそ表現力　フィギュアコーチ・長光歌子（上）」
＊3　『週刊文春（２００６年３月23日号）』によれば、コーチ変更に伴う強化費用の増加は、連盟が選手に支払われる試合賞金から差し引くことで補填された。城田氏は週刊文春の記者に対し「荒川が、シーズンの途中で先生（コーチ）を代えたりするとどうしても予算と違ってくるじゃないですか。ですからそういうところで（追加負担が）発生する」と答えている。
＊4　『フィギュアスケートマガジン２０１６-２０１７プレシーズン』２０１６年９月28日発売（ベースボールマガジン社）「尽きせぬ思い。エッジシャープナー・吉田年伸」
＊5　『IFS MAGAZINE.COM』２０１２年８月29日、韓国『中央ＳＵＮＤＡＹ』２０１４年３月22日、他。
＊6　『SANSPO.COM』２０１４年２月16日「日本選手団の橋本聖子団長が認めた特例だった」。「マルチサポートハウス」とは、日本選手団の体調管理などを支援する施設。日本スポーツ振興センターが運営。
＊7　『NumberWeb』２０１４年２月16日「羽生結弦の金メダルは歴史の上に。仙台人として、そして日本男子として。」より。「メディアの取材が羽生１人に集中しないため、髙橋と町田が記者会見をする裏で、羽生自身は身体のケアをするなど、上手にペースを保つことが出来た。」
＊8　通常、全日本選手権のシード権は、前年度の同大会で上位３位までに入った選手に与えられ、それ以外の選手は地域・ブロック大会からの出場となる。ただし前後する日程の国際大会に派遣される場合は免除となる。２０１７年５月14日の『デイリー』が「特別シードは史上初」と伝えた。
＊9　『日刊スポーツ』２０１７年12月25日「羽生結弦ぶっつけ五輪へ「金特権」団体特別枠を用意」
＊10　『週刊女性自身』２０１８年８月21・28合併号（光文社）「シリーズ人間～羽生結弦専属トレーナー秘話

『立つのがやっと』で掴んだ平昌金」

＊11 島津製作所広報誌『ぶーめらん』Vol.34（２０１６年春‐夏号）「国立スポーツ科学センター　アスリートの命綱」

＊12 オーサーコーチは『文藝春秋』２０１８年11月号（文藝春秋）で、ソチ五輪団体戦欠場が戦略的な決断であったことを語っている。「平昌オリンピックでは彼（羽生）にとって最大の焦点は個人戦で連覇することであり、団体戦でピークに達しても意味がなかった」。

＊13 『Olympic Council of Asia』２０１４年11月６日付のスポーツニュース「Japanese Sochi champion to feature in Olympic Solidarity video」

＊14 『フィギュアスケート男子ファンブック Quadruple Axel 2018 奇跡の五輪シーズン総集編』（山と溪谷社）「羽生結弦、オリンピック２連覇への軌跡」

＊15 『スポーツ報知』連載コラム「城田憲子の『フィギュアの世界』日本のメダリストのコーチたち～長光歌子編」２０１１年10月14日

＊16 Video Assistant Refereeの略称。ピッチ上で起きた事象について、主審が映像を用いて確認するためのシステム。

＊17 在日本カザフスタン大使館に確認。

＊18 『icenetwork』「Boston brewings: Hanyu, Ten stir up practice fuss」2016年３月31日

＊19 ＴＢＳラジオ『デイ・キャッチ！』２０１６年４月１日

＊20 『フィギュアスケートＬｉｆｅ Vol.６』（扶桑社ＭＯＯＫ）

＊21 『VESTI.KZ』「Там не было столкновения - Фрэнк Кэрролл об инциденте между Денисом Теном и Юдзуру Ханю（テンと羽生に衝突はなかった）」２０１６年４月１日

＊22　クリケット・クラブ「２０１４年SUMMER SKATING」パンフレットより。
＊23『産経ニュース』２０１６年４月４日付「カザフ側と注意を確認。羽生に対する進路妨害」
＊24『スポニチ』「羽生 テンと握手和解『お互い気をつけていけたら』」２０１６年４月５日
＊25『inform.kz』（ロシア語版）２０１６年４月６日

☆はすべて、ブログ『★フィギュアスケートのヴィーナス★』モスクワの鐘氏より情報のご提供をいただいた。
１７９ページの情報はブログ未掲載。

第8章

浅田真央が戦ってきたもの

浅田真央はＪＳＦに何をもたらしたのか

日本スケート連盟（ＪＳＦ）の財務状況は、公式ＨＰで公開されている。２００６年6月末に約４・６億円だった「正味財産」は、バンクーバー五輪開催の09年度決算で約９・６億円に、ソチ五輪開催の13年度には、実に25・２億円にまで膨んだ。

その後の３年間は平昌五輪を見据えた強化費増額等の理由から赤字に転じたが、平昌五輪開催の17年度には再び黒字に。最新の決算が発表された18年６月末日の正味財産は26・６億円となっている。

同じ公益財団法人である「日本体操協会」と比較してみると、26・６億円という数字の大きさがよくわかる。17年度の日本体操協会の正味財産は、約４・８億円。前年度までは２・７億円だった。競技人口はＪＳＦ（スピードスケート含む）の７５０３人に対して約３・６倍の、２７１８２人（２０１６年調べ）。

ＪＳＦフィギュア強化副部長の竹内洋輔氏によれば、ＪＳＦの財源は主に７つ。[*1]

・連盟登録料・技能テスト実施収益・各種補助金・放映権料・広報収入（会報）

表T　日本スケート連盟の財務状況と選手登録数

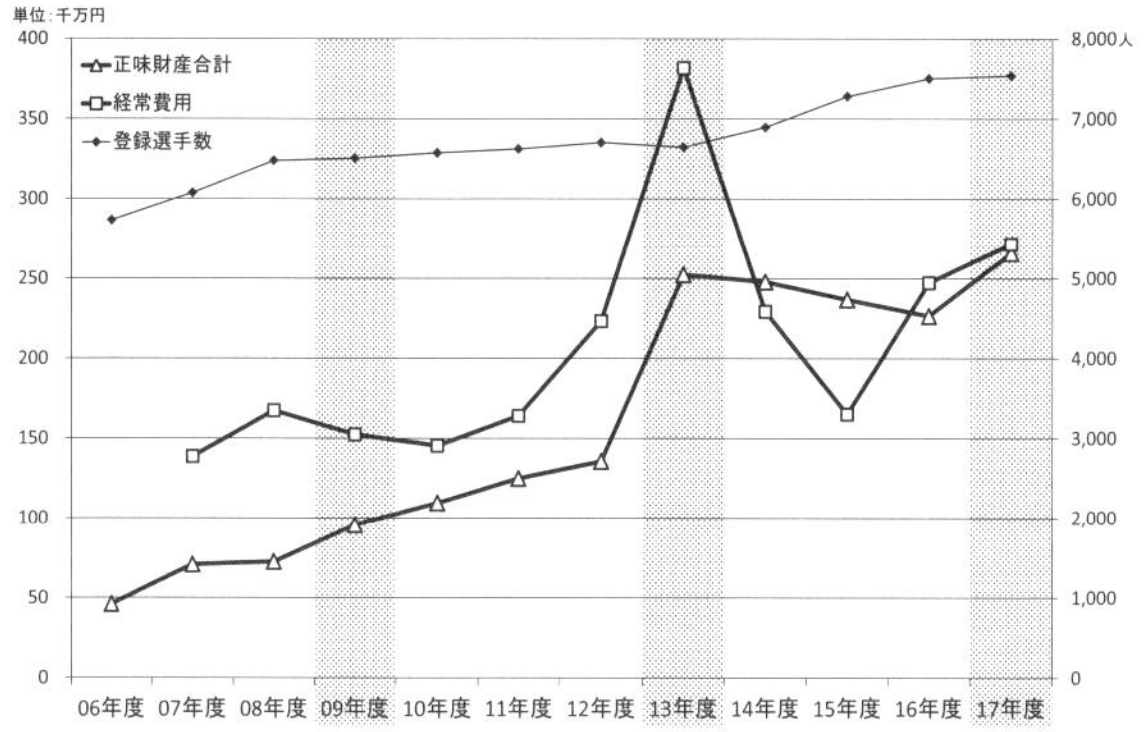

・マーケティング収入（全日本選手権等の大会収入及びフェンス広告等の収益）
・協力事業収益（アイスショー等出演料の10%）
・特別事業収益（日本開催の競技会及びエキシビションチケット収益等）

このうち、「競技力」に影響を受ける財源は、各種補助金、放映権料、マーケティング収入、特別事業収益だという。

ソチ五輪があった13年度の増益のほとんどは、「特別事業収益」として記載されるチケット収入だった。全日本選手権と世界選手権は、約2万人収容のさいたまスーパーアリーナで開催され、最高2万3000円のプレミア席を含めてチケットは完売した。47億２０００万円にのぼる「事業収益」のうち、「特別事業収益」は74％に当たる約35億円だ。

03年までのフィギュアスケートは、全日本選手権すらテレビ中継されないマイナー競技だった。海外の競技会も、ＮＨＫが深夜に世界選手権の録画映像を流す程度。04年からフジテレビで全日本選手権の放送がはじまったのは、ＪＳＦ登録の国内ジャッジでフジテレビ社員でもある藤井辰哉氏の働きかけがあったという[*2]。

02年世界選手権で荒川静香が金メダルを取り、女子シングル初の4回転ジャンプを成功させた安藤美姫が一躍人気に。その後、浅田真央の登場で空前のフィギュアブームが巻き起こった。以降、フィギュアの放送は高視聴率を取れるコンテンツとして定着する。

「賞金等の取扱規程」により、競技選手は全員ＪＳＦに登録され、個人スポンサー契約料の10％を連盟に納める義務を負う。つまり、連盟には選手が出演するＣＭやメディアの出演料などから一定の額が入る仕組みだ。

06年に6社だった浅田のスポンサー企業は、ソチ五輪後、15社にまで増加。「マネジメント会社を仲介する場合、契約料については別途契約を交わすものとする」との規定から、浅田がＩＭＧと契約した05年以降、連盟側に入る割合は10％を越えていたと思われる。一部報道によれば、浅田がＣＭ等収入の中からＪＳＦに納付していた金額は、その20％とも50％とも言われていた。

実際、ＪＳＦの「正味財産」が急激に増えていった経緯は、05年にシニアデビューした浅田の活躍と見事に重なる。現役生活のうち11年の間、浅田がＪＳＦにもたらした経済効果は大きい。

「特例」を求める書簡が出されることはなかった

浅田真央引退の衝撃も醒めやらぬ17年4月12日、スポーツ報知に掲載された城田憲子氏の発言に目を奪われた。

「荒川静香が金メダルに輝いたトリノ五輪に、もしも15歳だった真央ちゃんが出場していたら――。金メダルを取っていたと今でも思っている」「トリノには彼女を8歳から育成してきた強化の責任者であった私が、誰よりも出したかった」。

城田氏が尽力し、金メダルを取らせたはずの荒川静香氏は、どんな気持ちでこのコラムを読むのだろうか。そして城田氏が、浅田のトリノ出場を望んでいた……？

多くの人は、「真央ちゃんは年齢制限のせいでトリノ五輪に出られなかった」と思っているのではないだろうか。

確かに、これは事実だ。しかし、あまり知られていない事実もある。

五輪出場のための年齢制限のルールは、世界スケート連盟（ＩＳＵ）によって定められている。バンクーバー五輪を間近に控えた05年。ＧＰシリーズで目覚ましい成績をあげた浅田真央が、年齢制限のために五輪出場が叶わないことに世間は大きく沸いた。

当時、日本スケート連盟強化部長だった城田氏は、「連盟としてはＩＳＵに働きかけることはない」「五輪のために育ててきた選手もいるのに、真央だけのために陳情することはできない」と発言。

これに呼応するように、チンクアンタＩＳＵ会長（当時）は、規定を変更するための緊急総会を開く可能性について「現在、日本スケート連盟からは何の陳情もきていない。嘆願があった上で理事会が開かれ、理事会からの申し出で総会が開かれる」と説明していた。

つまり、連盟からの働きかけがあれば、総会が開かれる「可能性はあった」のだ。GPシリーズフランス杯、浅田真央がシニアデビュー2戦目で初優勝、荒川静香が3位だったとき、城田氏はこうも話している。

「真央が優勝したのは素直にうれしい。でも展開としては最悪になった」。

「展開としては最悪」。結果として、日本スケート連盟からISUに、特例措置を求める公式な書簡が提出されることはなかった。

もちろん、嘆願書を出したとしても、それが認められたかどうかはわからない。イタリアには当時19歳のカロリーナ・コストナー（05年世界選手権3位）がいた。同じイタリア人のチンクアンタ会長には、自国開催の五輪で、彼女のライバルを増やしたくないという思いも、当然あったことだろう。

城田氏が著書に書いているように、浅田がGPファイナルで優勝してからトリノ五輪までの2カ月間で、「（ISUとの）交渉が上手くいかないことは当時のフィギュアスケート関係者なら誰でもわかっていたこと」だったのかもしれない。

ただ、当時、世界的なフィギュア人気にはすでに翳《かげ》りが見えはじめていた。ISUの収入で大きな割合を占めるのはアメリカのテレビ放送権契約金だが、ソルトレイク五輪でのスキャンダル以降、北米でのフィギュア人気は下降線の一途だった。ミシェル・クワン[*3]に続くスター選手も現れず、視聴率は最盛期を大きく下回っていた。

国際オリンピック委員会（ＩＯＣ）は五輪のテレビ放送時間やメディアでの露出、観客動員数などから競技団体を「格付」し、それに基づいて分配金（助成金）を支払う。[*4]フィギュア人気の低迷は、ＩＳＵにとってまさに死活問題なのだ。

ＩＳＵは視聴率の取れるスター選手を待ち望んでいたはずだ。まして日本は当時、フィギュアブームに沸いていた。こうした計算がＩＳＵに働かないはずがない。

城田氏は前出の著書『金メダルへの挑戦』でこう書いている。

「私だって浅田をオリンピックに出したかったのです。これだけ強力な選手を3人の出場枠におさめてトリノに送り込めたら、選手たちにとっても精神的負担が減りますし、金メダルの可能性は格段に高まるので、私としてもぐっと気持ちが楽になるからです」。

もうひとつ、事実を書いておく。マスコミの報道から、「キム・ヨナも浅田同様、年齢制限でトリノ五輪に出られなかった」と勘違いしている人は少なくないようだ。しかし、トリノ五輪シーズン、キムはシニアの試合に一度も出たことがなかったし、そもそも韓国はトリノ五輪女子シングルの出場枠を持っていなかった☆。

トリノ五輪に出場したのは、シンボルアスリートの3人だった

ここで少々話は逸れるが、その後のトリノ五輪選考過程について書いておきたい。

05年12月25日に行われた全日本選手権の結果をもって、トリノ五輪へは荒川静香、村主章枝、安藤美姫の出場が決まった。この３人は日本オリンピック委員会（ＪＯＣ）シンボルアスリートであり、連盟最大のスポンサー、ロッテがバックアップしていた選手たちである。そしていずれも、城田氏が指導していた。

当時、トリノ五輪出場の選考は、右記３名に恩田美栄、中野友加里を加えた熾烈なものだった。選考基準は「２シーズンにわたる主要大会の成績を点数化し、原則として上位者を選出する」というもの。荒川ら３人は、代表候補選手の選考ポイント上位３名であったから、選考基準に則《のっと》った順当な選出だったと言える。

ただ、ポイント獲得３位（２０６０ポイント）の荒川と、４位の中野（２０４３ポイ

ント）との差は、わずかに17ポイント。しかも、中野は直前に行われたGPファイナルで3位入賞を果たしていたにもかかわらず、「ポイント差が合計ポイントの10％以内となった場合は、順位を逆転させる場合もある」という選考基準に添えられた〝但し書き〟が、考慮されることはなかった。

代表決定後、マスコミは「JOCのシンボルアスリートとしてロッテのCMに出ていた3人がそのまま代表入りしたのは、ロッテを抱えた広告代理店（電通）から圧力がかかったせいだ。出来レースだったにちがいない」という旨の報道をした（城田氏著書より）。「シンボルアスリート」制度は、JOCが各競技の強化指定選手と肖像権使用の契約を結び、協賛金を支払ったスポンサーに対して、CM出演など選手の肖像権使用の権利を与えるというもの。つまり、選手の肖像権をJOCが管理するシステムだ。

スポンサー企業がJOCに支払う協賛金から、JOCは最大で2000万円を協力金として選手に支払い、対象選手が所属する競技団体にも、強化費を増額して分配する。スポンサー企業としては当然、競技団体としても、シンボルアスリートが五輪に出場するのが望ましいところだろう。

「（選考は）出来レース」という報道に対して、城田氏は同著で「元を辿《たど》れば彼女たちがシンボルアスリートになったのはこの年（05年）の5月。シンボルアスリートに選ばれたのは、あくまでも直前に行われた世界選手権に出場を果たした三人だったからです」と答えている。

しかし、ここには明らかな事実誤認があるので、記しておきたい。

確かに3人がシンボルアスリートに「就任」したのは、05年5月。世界選手権の後だ。だが、フィギュア女子として3人目となった安藤のシンボルアスリート就任が、JOCから「発表」されたのは、04年12月20日だった。*5 全日本選手権よりも前のことであり、当然、世界選手権への派遣が決まる以前の話である。

ともあれ、五輪派遣選手選考の1年前に、シンボルアスリート3人を100％の確率で的中させたJOCとロッテの先見の明、そして城田氏の辣腕ぶりには感心するしかない。

対象選手限定の後方支援

話を元に戻そう。

第7章で書いた通り、トリノ五輪後の06年、城田氏は不正会計問題の責任を取るかたちで連盟を辞任。その後、09年には、日本代表のアシスタントチームリーダーとして強化の現場に復帰している。

復帰直後の世界選手権では、「安藤、村主、織田の3人限定で後方支援する」ことが公表されたが、これが何を意味するのかは、フィギュアに詳しい人でなければわかりにくい。この年、日本の出場枠は男女ともに3枠だった。従って「3人限定で支援」ということは、「女子は浅田だけサポートしない」と宣言したのと同義だ。しかも、右記3人以外については、強化部の誰がサポートするのかについて、まったく言及されなかった。

マスコミの認識としても、フィギュア強化部の最重要人物は、城田氏だったのだろう。

この年の世界選手権は、キム・ヨナによる「練習妨害発言」が物議を醸した年である。発端は韓国SBSの報道番組だった。キム・ヨナの「試合のたび公式練習中にジャンプの進路を遮られた」「そこまでしなければいけないのかと思うことが多かった」というインタビューを紹介しつつ、「日本の選手がキム・ヨナの練習を妨害した」と報じたのだ。オーサーコーチも「日本選手の1人はヨナのジャンプの軌道だけを徘徊している」

と発言。これを発端に韓国国内では日本人選手に対するバッシングが加熱した。

日本の報道でも大きく取り上げられ、ＪＳＦには「なぜ抗議をしないのか」というファンからの抗議が殺到。ＪＳＦはこれを受けるかたちで韓国スケート連盟へ調査を求める文書を提出、ＩＳＵへの報告を決定するも騒ぎは収まらず、結果、妨害の事実などなかった浅田が１人、試合に向かう空港で会見を行う事態に至った。

キム・ヨナは現地に入った後、「（妨害発言は）特定の国の選手について言ったわけではない」「思っていたより騒ぎになってしまったが、気にしない。試合にだけ集中する」と話したが、会場には多くの韓国人がつめかけ、公式練習、試合を通じて野次が多く、テレビの画面を通しても会場の異様な緊張感が伝わってくる程だった。

結果は、ミスを重ねたにも関わらずＰＣＳが急上昇したキム・ヨナ（23ページ表Ｅ参照）が優勝。精彩を欠いた浅田はジュニア以降初めて、表彰台を逃した。

この騒動について朝鮮日報は「浅田がキム・ヨナに対して妙な神経戦を仕掛けた」と報じたが、事の発端となった韓国ＳＢＳスポーツ局には、チャン・ミョンヒＩＳＵ理事の息子、チャン・ギュホン氏（当時。後にＣＮＢＣ報道本部部長）が在籍していた。

チーム・ブライアン、韓国スケート連盟、そして韓国マスコミが一丸となって、日本人選手、とりわけ浅田に対してプレッシャーをかけてきていたことは明白だった。「韓国は国を挙げてキム・ヨナの金メダルを獲りにきている。まさに『総合力』で勝負を挑んできている」と私自身は感じていたが、これに対して、浅田は「一人」であるように思われた。

当時のコーチはタチアナ・タラソワ氏で、熱意と愛情をもって支えてくれたとはいえ、常に同行できる状況ではなかった。せめて釈明会見の場に自国連盟のスタッフが同席し、「日本人選手が故意に練習を遮ることなどあり得ない」と、浅田の傍らで言ってくれていれば、彼女の重圧はどれ程、和らいだことだろう。

09年世界選手権は多くのフィギュアファンに、「フィギュアスケートは個人戦ではない」と印象づけた試合となった。

JSFは味方だったのか？

バンクーバー五輪の翌シーズン、11年世界選手権の選考（実質的に10年12月の全日本選手権）を間近に控えた時のことだ。この年、浅田はジャンプの修正にとりかかったばかりで成績がふるわず、ＧＰファイナルへの出場を逃していた。選考の基準には「過去の実績」が明記されていたにもかかわらず、橋本会長は会見でこう語った。

「バンクーバー五輪銀、世界選手権金は素晴らしいが、それはあくまでも前年度の成績であって、一番大事なのは今季の成績。周囲の配慮があってはならない。そんなことをしたら日本選手団の競技レベルが下がる。全日本がすべて」。

浅田サイドから「特例」を望む要請があったのならともかく、会長自ら、あえてここまで踏み込んだ発言をする必要があっただろうか。

ソチ五輪シーズンの前年には、こんな出来事もあった。

浅田がソチで開催されたＧＰファイナルで優勝した数日後。２０１２年12月12日の『スポーツ報知』に、城田氏のコラム『城田憲子の目』が掲載された。

「今のままでは、真央はヨナに勝てない。ヨナは復帰戦で、難易度の高い３回転ルッツを完ぺきに跳び、スピード感ある『大人』のフィギュアを見せた。一方の真央は今季、ジュニア時代の初心に戻る意味もありフリーの曲に『白鳥の湖』を選び、『子供っぽく』

演じている。残念ながら現時点で二人の差は『大人』と『子供』ほどある」（『　』は原文ママ）。

五輪メダリスト候補についての報道は、ＩＳＵや各国ジャッジたちの耳にも届く。マイナスの先入観を与えないために、「自国の選手について不利になるようなコメントはしない」のは、フィギュアに限らず、採点競技の関係者の中では当然の認識のはずだ。

ましてやＩＳＵレフリーの資格を持ち、ＪＳＦフィギュア強化部に在籍する城田氏の発言ともなれば、注目度は高い。この事実を充分認識していながら、メディアを使って「浅田は勝てない」とアピールしたのだ。しかも、プログラムの評価を「子供っぽい」としか表現できない稚拙さで。「選手本人のため」の発言であれば、新聞のコラムに書かずとも、直接助言すればすむ話だ。

事実、このコラムが掲載された翌日には、複数の韓国メディアが「日本フィギュア界の権威が『今のままでは、真央はヨナに勝てない』と冷静に評価した」と報じている。韓国のみならず、自国の連盟にすら評価されない選手に対して、各国のジャッジは「迷うことなく低い評価をつけられる」と考えたことだろう。

ちなみに、城田氏が絶賛したキム・ヨナの復帰戦とは、ドイツ開催のNRW杯。ISU公認のB級大会で、この年は韓国のサムスンがスポンサーとなっていた。キムはルッツこそ成功したものの、予定していた3連続ジャンプがすべて1回転となる「1回転アクセル＋1回転トウループ＋1回転ループ」に加え、2連続ジャンプの転倒もあったが、シーズン最高得点（ISU非公認の参考記録）で優勝している（現在では、なぜかこの試合のプロトコルはインターネットで見られない）。

城田氏のキムへの高評価は、こうした事実にはまったく触れず、彼女の優位性のみを強調した「印象操作」に近い。「実はこのコラムは韓国のスケート連盟によって書かれたものでした」と言われても、何の違和感もないものだ。

他方、12月10日のフジテレビ『すぽると！』は、「キム・ヨナ復帰完全検証」という特集を組み、「キム・ヨナが7割の力でGPファイナル優勝の浅田を上回る『今季最高得点（参考記録）』を出した」と、キム・ヨナ目線での番組を放送していた。

不必要に「ライバル関係」を煽り、ヨナが圧倒的に優位と言わんばかりの内容は、城田氏のコラムと一致している。

「日本のマスコミも、スケート連盟も、浅田の味方ではない」。浅田ファンの間には、こうした認識が広がっていた。

ISUからの無言のメッセージ

話は少々前後するが、2015年5月18日。ソチ五輪後、1年の休養をはさみ、浅田真央が現役復帰を表明したときのことだ。

私にはその1カ月後には、すでに彼女の復帰シーズンが厳しいものになるだろうとの予感があった。浅田復帰直後のISU評議会でジャンプの基礎点が見直され、軽度の回転不足（UR）のジャンプに与えられる基礎点が、トリプルアクセルのみ、6・0から5・9へと下がったのだ。[*6]

「たった0・1?」「深読みし過ぎでは?」と多くの人は思うかもしれない。だが、ISUが浅田に対し、「無言のメッセージ」を送ってきたのは、これが初めてではない。

浅田ファンであれば、誰もが天野真氏の名前は記憶しているだろう。

元フィギュアスケーターの天野氏は90年代後半からカナダを拠点とし、現役引退後は

２００４年に日本人として初めて、ＩＳＵ技術スペシャリストの資格を得ている。トロントのグラニット・クラブに在籍中は、ジュニア時代のパトリック・チャンのコーチを務めた。その後、ソチ五輪を挟んで12年頃から17年までオーサーコーチのいるクリケット・クラブに在籍。現在は再びグラニット・クラブに籍を置いている☆。

天野氏がカナダに拠点を置いたのは、現役時代に師事した樋口豊コーチがきっかけと思われる。小学校５年生でフィギュアを始めた樋口氏は、３歳年上の城田氏とは後楽園アイスパレスのリンクメイトだった。１９６８年に有色人種として初めてクリケット・クラブの会員となり、後に振付師となるデビッド・ウィルソン氏とはこの頃から、オーサーコーチとは70年代半ばから交友を深めていたという。

キム・ヨナの最初のコーチであるシン・ヘスク氏は、70年代に日本で樋口氏の指導を受けていたから、天野氏とは兄弟弟子ということになる。06年から10年までクリケット・クラブに在籍したヨナとの交流も、当然あったことだろう。つまり、天野氏はカナダとの縁が非常に深い人物と言える。

浅田ファンの間で、彼の名前が非常によく知られているのは、ファンの間に根強い

「天野氏はトリプルアクセルの判定に厳しいのでは？」という疑問のためだ。

第4章でも触れた、13年福岡で開催されたGPファイナルFSでは、SPのトリプルアクセルを軽度の回転不足と判定[7]した天野氏の名前が紹介されると、日本の試合では珍しく、客席からジャッジ席に向かってのブーイングが起きた。

果たして天野氏は浅田真央のトリプルアクセルに厳しかったのか？

05年、女子として初めて世界ジュニア選手権でトリプルアクセルを成功させてから、浅田真央が現役時代、公式試合（全日本も含む）で挑んだトリプルアクセルは、94本[8]。そのうち「認定」されたジャンプは38本で、成功率は40・4％だ。

この94本のうち、天野氏が技術パネル（第3章77ページ参照）だった[9]のは22本。その認定回数は6本。成功率は27・3％とかなり低い。

とはいえ、これだけでは「天野氏の判定が厳しい」とする根拠にはならない。

天野氏が浅田の出場する大会の技術パネルに初めて入ったのは、彼女がトリプルアクセルを飛び始めてから4シーズン目の、08年GPシリーズNHK杯。このシーズン、彼は3つの大会で7本、トリプルアクセルを判定している。認定が3本で成功率は42・9

%。一方で、天野氏不在の試合では、7本のうち5本が認定されていた。成功率は71・4%。

成功率42・9%と71・4%。この差は非常に大きい。

第4章で紹介した長久保コーチの「ジャッジ席のメンバーを見た時点で、『あ、これは明子が負けるわ』と思った」という言葉からわかるように、選手やコーチは「ジャッジ席に誰が座るか」を、試合ごとに意識している。

「天野氏が浅田のトリプルアクセルの判定に厳しい」か否かは、私には判断できない。しかし、この2008-09年のシーズンで、浅田の中には天野氏に対する「苦手意識」が生まれていたのではないか。

実際、2009-10年シーズン以降、天野氏が技術パネルに入った試合で認定されたトリプルアクセルは、15本のうちたった3本だ。成功率は20・0%にまで落ち込んでいる。不在時の成功率は36%。技術パネルは3人で構成されており、他の2人は常に入れ替わっているから、この数字は天野氏に紐付いていると考えていいだろう。

そして私はこの天野氏の存在こそが、ISUが浅田に送った「無言のメッセージ」であったと考えている。

ＩＳＵは「意志」をもって天野氏を任命し続けた

前述の通り、天野氏がＩＳＵ技術スペシャリストの資格を取得したのは、04年。以降、直近となる18年世界選手権まで、Ｂ級試合を除くＩＳＵ公認大会と全日本選手権で18回、技術パネルを務めているが、特にバンクーバー五輪からソチ五輪シーズンまでの活躍が目立つ。

○10年世界選手権
・10年ＧＰシリーズアメリカ大会
○11年世界選手権
○12年世界選手権
○12年ＧＰファイナル
・13年欧州選手権
○13年ＧＰシリーズアメリカ大会
○13年ＧＰファイナル
○13年全日本選手権

右記９試合のうち、浅田は○印の７試合に出場していた。言うまでもなく、世界選手権は五輪と並び、ＩＳＵでもっとも格付けの高い試合だ。ＧＰファイナルを含め、重要な試合でことごとく「浅田のトリプルアクセル成功率が顕著に下がるジャッジ」が技術パネルに入ったのは、単に「運が悪かった」せいだろうか？

私は「偶然ではない」と思う。

06年から18年まで、過去13回分の世界選手権女子シングルの記録を調べたところ、技術パネルに2回、入ったジャッジは5名いた。しかし、天野氏は唯一、5回と突出している。しかも彼は10～12年、3年連続で技術スペシャリストを務めていた。彼の他に、2年連続で技術パネルに入ったジャッジは1人もいない。

次に私はひとつの確信をもって、GPファイナル女子シングルの記録を調べた。やはり、過去13年間、2年連続で技術スペシャリストを務めたのは、天野氏ただ1人。技術パネルの責任者である技術コントローラーを2年連続で務めたジャッジは1人いた。

念のため、世界選手権男子シングルの記録も調べたが、こちらは2年連続で技術パネルに登録されたジャッジは1人もいなかった。

技術パネルに名を連ねる3人は、必ず違う国籍でなければならない。判定が特定の国にとって有利にならないよう行われるための配慮だ。

「同じジャッジが2年続けて技術パネルを務めてはならない」というルールはない。しかし、世界選手権という大きな試合での判定の公平性・中立性を考えれば、毎年違う国から選ばれるべきだろう。人の感情として、トップ選手が数点を争う微妙な試合であればあるほど、「自国の選手に有利に採点したい」という気持ちが働くのは自然なことだからだ。ましてジャッジは自国連盟からの推薦を受け、ジャッジ席に座っている。

五輪及びISU公認の国際試合において、技術パネル3人の任命権はISU会長にある。当時の会長であるチンクアンタ氏が、世界選手権に3回連続して天野氏を選んだのは、「彼は自国の選手に有利な判定はしない」という絶対の信頼あってこそだ。なおかつ、会長が1人のジャッジをこれだけ偏重したのには、必ず何らかの意図があるはずだ。

私自身は天野氏偏重の理由こそが、「浅田真央のトリプルアクセル成功率（の低さ）」だったと考える。09年以降、「どう跳べば認定されるのか」と迷いながら跳び続けた結果が、成功率20・0％という数字だ。これは浅田の現役時代を通した成功率の、約半分しかない。

特にソチ五輪のシーズンは、GPファイナルに天野氏が技術パネルに入ったことの影響は大きかった。試合の順番としては〔ＧＰファイナル―五輪―世界選手権〕だから、この考察が正しければ、ＩＳＵにとってこのシーズン、彼を世界選手権に任命する意味はあまりない。

前述の通り、ＧＰファイナルＳＰの判定は非常に微妙なもので、浅田本人が「今季、こんなに良い形で跳べたのは初めて」と語ったトリプルアクセルが軽度の回転不足の判定を受けた。浅田は判定に関して「回転不足を取られたことは気にしていない」と話したが、こんな発言自体が充分、「気にしている」ことの表れだ。

案の定、翌日のＦＳでは冒頭のトリプルアクセルで転倒。当然だ。跳んだ本人が会心の出来と感じたジャンプに回転不足の判定がついたら、原因を考える程に心が乱れる。

天野氏自身は信念に従い、試合ごとに淡々と公平な判定をしていただけかもしれないが、彼個人の信条と、世界の認識の間にはズレがある。浅田には「自国のジャッジにさえ評価されない選手」という烙印《らくいん》が押されたことは間違いない。そしてチンクアンタ会長にすれば、微妙な判定にファンからの非難が集まろうと、「同じ日本人が判定した」という事実は、批判をかわす格好の弁明になると考えたことだろう。

世界基準のセオリーを無視したＪＳＦ

ＩＳＵチンクアンタ会長からの、天野氏偏重という「メッセージ」を、諸手を挙げて受け入れたのが、日本のスケート連盟だ。事実上の五輪選考会となる13年の全日本選手権で、連盟が技術パネルの一人として任命したのが、天野氏だった。

日本以外の国では、国内選手権は五輪壮行試合の意味合いも帯びている。ジャンプの回転不足に甘いことはもちろん、ＰＣＳも「ここまで出すか」という程、「盛って」選手を送り出すのが慣例だ。自国の選手が「非常に高いクオリティで仕上がっていますよ」と、世界のジャッジに示すことも目的のひとつだからだ。

その是非はともかくとして、天野氏が入った試合で浅田のトリプルアクセルの成功率が著しく落ちることは、連盟も承知していたはずだ。そして想定通り、全日本選手権の浅田は、ＳＰ、ＦＳで挑んだ3本のトリプルアクセルすべてを失敗。ジャンプの不調は演技全体にも影響し、結果は総合3位。ＰＣＳでは、国内最高得点をマークした鈴木明子に次ぐ「二番手」として、ソチ五輪派遣選手に選ばれた。

この時期、浅田はＧＰシリーズ２連勝に加え、ＧＰファイナルでは優勝。世界ランキングは2位だった。金メダルに一番近かったのは、間違いなく浅田真央だった。

私には、自国のトップ選手と相性の悪いジャッジを連盟自ら任命する、明確な理由が見つけられない。総合力で「金メダルを取らせる」セオリーとは、あまりにもかけ離れているからだ。

浅田は演技後の会見で、「自分がどうして跳べなかったか分からない」と不安を口にした。計り知れない重責とプレッシャーに加え、自分にとって「特別なジャンプ」に自信が持てない不安や迷いは、彼女からどれほど多くの気力と体力を奪ったことだろう。

ソチ五輪のＳＰで起こったまさかの失速。この前兆は、すでに全日本選手権ではっきりと現れていたのだ。

最後にＪＳＦの、浅田のトリプルアクセルに対しての評価を記しておく。彼女は現役時代、全日本選手権で17本のトリプルアクセルに挑んだ。認定は５本。成功率は29・４％。天野氏が判定した通算成功率は27・３％。天野氏不在の国際大会で挑んだ数は60本。認定27本で成功率は45％。

シニアデビューしてから11シーズン。浅田に〝ホーム〟はなかった。

アルメニアのリンク

どうしても知りたいことがある。ソチ五輪女子シングル戦直前のアルメニア合宿で、何が起こっていたのか。当時、詳細を伝えたのは、『FLASH』「真央を潰したのは誰だ！」[*10]だった。

ソチ五輪では団体戦と女子シングル戦の間に、10日間の間隔が開いていた。団体戦後、中京大リンクでの最終調整を望んだ浅田側に対し、JSFはアルメニアでの調整を要請。浅田側の代替案として、タチアナ・タラソワ元コーチの協力で使用可能となった「ロシア・ナショナル・トレーニングセンター」を希望するも、JSFはこの案も却下。結局、浅田は押し切られるかたちでアルメニアのリンクへ向かった。

ところがリンクの氷には砂が混じっていたうえにガタガタ。急遽、エッジを研ぎ直す必要に迫られた。しかもリンクは空調が効かず非常に寒かった。結果、浅田は最終調整どころか、調子を狂わせてソチ入りした……ここまでが、『FLASH』が伝えた「アルメニアのリンク」での出来事だ。その後、選手たちが食料の調達もままならず、持参のレトルト食品を食べていたという情報も流れ、多くのファンから非難の声があがった。アルメニアは旧ソ連構成国のひとつで、1991年に独立国家となっている。ソチ五輪当時は日本大使館もなかった（15年1月1日開館）。日本とは縁遠い、この地を最終合宿に選んだことが適切だったのか等、現在に至るまで、JSFは口を閉ざしたままだ。

浅田の引退後、元フィギュアスケーターで小塚崇彦氏の父でもある小塚嗣彦氏が、フィギュア関係者として唯一、この件に関して言及している。

「（アルメニアのリンクは）氷の質が悪く、ブレードは短期間で刃が丸くなった。それがショートプログラムで本来の滑りを見せられず、16位と大きく出遅れた一因になったという思いが拭えない」[*11]。

リンクの経営は破綻していた

以下、アルメニアのリンクについて時系列で説明したい。

2011～2012年（詳細不明）　アルメニア人のアリ・ザカリアン氏が、JSF

にアルメニアの首都エレバンにある、『カレン・デミルチャン・スポーツ・アンド・コンサート・コンプレックス』（以下、Ｋ複合施設）を推選。
２０１３年２月末　アルメニア・国内オリンピック委員会（ＡＲＭＮＯＣ）がエレバンにて、ＪＳＦの伊東秀仁理事と松村達郎氏を接待。両氏は『Ｋ複合施設』内のスケートリンクを視察。「氷の質を高く評価した」（アルメニアの報道機関「Aysor.am」）
２０１３年９月　ＪＳＦが『Ｋ複合施設』でトレーニング合宿を開催
２０１４年２月６日～９日　ソチ五輪フィギュアスケート団体戦
２０１４日２月10日～15日　浅田と鈴木の両名が『Ｋ複合施設』にて最終調整
２０１４年２月17日　ＡＰ通信が「アルメニアのリンクが寒すぎたため、日本チームが予定を切り上げてソチに戻った」と配信
２０１４年２月19日　女子シングル戦
右記記載の『カレン・デミルチャン・スポーツ・アンド・コンサート・コンプレックス』が、問題の〝アルメニアのリンク〟の正式名称だ。各種スポーツの試合が行われる他、コンサートホールも兼ねた施設で、常設のスケートリンクは備えていない。

この施設をＪＳＦに紹介したのは、アルメニア人のアリ・ザカリアン氏。*12 エフゲニー・プルシェンコやイリーナ・スルツカヤ（ソルトレイクシティ五輪女子シングル銀メダリスト）等、スケーターのエージェントとして知られ、振り付けの他、ショービジネスにも広く携わる人物だ。ＪＳＦ主催の大会・アイスショーの運営を手がける、ＣＩＣの真壁喜久夫氏とは「日本の兄弟」とインスタグラムで紹介する程、親交が深い。アルメニアのリンクを推選したのが、ザカリアン氏だという点については、疑問はない。問題なのは、彼が紹介したのが「経営破綻寸前の施設だった」ということだ。

そもそもこの複合施設は、05年にアルメニア政府からロシアの「BAMO Holding Company」（旧ソ連時代から続く、大手建設会社のひとつ）に売却された物件だった。改修後にリオープンするも、13年11月にはアルメニア政府によって提訴されている。貸付金不払いによる、差し押さえ請求だ。裁判所は提訴を正当と認め、14年5月には競売にかけられたが買い手がつかなかったため、8月、所有権はアルメニア防衛省に移り、15年には、「ＮＴＡＡ投資グループ」に売却された。

実はＪＳＦよる視察の約2週間前、『Ｋ複合施設』は過去の給料不払いを理由に、元従業員から提訴されていた。さらに、ＪＳＦトレーニング合宿の2カ月後には、アルメニア政府によって提訴されている。

視察には、ザカリアン氏の他、当時のアルメニアのオリンピック委員会スポーツ部長、スケート連盟会長も同行していた。彼らのうち誰1人として、この事実をＪＳＦに報告せず、結果、ＪＳＦは事情を把握せずに、最終調整にこのリンクを選んだのだろうか。

荒れ果てたリンク

ＪＳＦの発表によれば、Ｋ複合施設のリンクは「ソチの会場の整氷担当者と懇意なロシア人」が手がけ、五輪直前合宿では本番リンクと似た質の氷が用意されているはずだった。

確かに13年9月に行われた日本チームの合宿時、ニュースで流れた練習風景の動画を見る限り、リンクはきれいに整氷されている。参加した織田信成も、「初日は氷が軟らかすぎてどうかと思ったが、1日で調整してくれてしっかり練習できている」と話していた（朝日新聞デジタル）。しかし、Ｋ複合施設では春〜秋の期間、リンク営業はしていない。この年の営業開始は12月1日から。つまり日本チームが使用したのは、夏合宿のためだけに設置された「特設リンク」だった。

浅田がアルメニアに向けソチを出発した2月10日。アルメニアの情報番組がユーチューブに動画を公開していた。[13] 当日撮影されたものではないかもしれないが、そこには『Ｋ複合施設』のリンクで滑る一般客の様子が映っていた。

すさまじく荒れた氷。照明がほとんどついていないのか、薄暗い。

『Ｋ複合施設』の公式Ｆａｃｅｂｏｏｋにも、ソチ五輪前後のものと思われる数多くの写真がアップされているが、どれ一枚として「整氷後」と思われるリンクの写真はない。屋内にも関わらず、厚着の客は寒そうで、削られた氷が白く積もっている。素人目に見ても、「ファミリー向けの屋外リンク」レベルにしか見えないのだ。

『Ｋ複合施設』は、経営難から整備費用をかなり抑えて営業していたのではないか。さらにＪＳＦが貸し切っていた1日4時間の時間帯以外を一般客に解放していたなら、小塚嗣彦氏が雑誌『Ｎｕｍｂｅｒ』[14] に寄せたコメントの通り、「天井のサビとかいろいろなものが氷の上に落ちていた」としても不思議はない。

中野友加里氏は前出の著書に、こう書いている。「靴の刃は包丁と同じようにとてももろいのです。わずかな砂や埃を踏んだだけでも刃の部分が傷ついてうまく滑れなくなってしまいます」。

定期的な氷の管理もない日常的に荒れ果てたリンクが、浅田たちの使用する期間だけ、時間帯だけ、「ソチの競技リンク並みに」整えられていたとは信じがたい。実際、「真央のエッジはつるつるに丸くなってしまっていた」（小塚嗣彦氏）。

ＪＳＦはアルメニアでの合宿中、一切のメディアの取材をシャットアウトしていた。私が調べた限りでは、日本の報道陣で実際にリンクを見た者はいない。

そもそも、アルメニアはフィギュアスケート不毛の地だ。競技人口はわずか１００人ほど。ソチ五輪当時、国内には年間を通して使えるリンクがひとつもなかった。そのため、強化選手であっても拠点を海外におくしかなく、スケート連盟は常設リンクの必要性を強く訴えていたが、国からの援助は得られず、投資家も見つからなかった。

ソチ五輪において、アルメニアのフィギュアに与えられた参加枠は、ゼロ。スキー競技には４名の選手を送っている。朝日新聞『ＧＬＯＢＥ』には、「合宿誘致は、地元フィギュアの再興につなげる狙いがあった。世界トップの日本勢の合宿が国内で報道されれば、国の支援も期待できるという」と書かれている。[*15]

確実に言えるのは、「アルメニアは自国のフィギュアを振興させるため、資金とスケートリンクを渇望していた」という事実だ。

ソチとアルメニア・エレバンの気候条件は「似ていない」

ザカリアン氏は、「五輪が開催されるソチと似た気候条件下でのトレーニング合宿を望むＪＳＦの要望に応えて、『Ｋ複合施設』を紹介した」と話している。そしてＪＳＦフィギュア委員長の伊東氏も、「このリンクを使うかどうかは選手の判断に任せるが」と前置きしたうえで、選定の理由を「ソチとの距離や環境」だったと説明していた。

確かにソチとアルメニア・エレバン間は直行便で結ばれ、所要時間は１時間15分。２時間かかるモスクワより近いし、時差もない。しかし、伊東理事の「気候も似ている」という感想には疑問が残る。

ウィキペディアによれば、２月の平均気温は、ソチが６・０度。エレバンはマイナス

1・3度。7・3度もの差がある。五輪開催中、ソチの気温は例年よりも高く、気温差はさらに大きかった。

しかも、外気温が低かっただけでなく、空調が効かないせいで、リンクでも「服をすべて着込んでいないといけないくらい寒かった」（前出『Number』より）。

2月17日のAP通信は、アルメニアでの調整予定を2日繰り上げて戻った浅田、鈴木明子の両選手について、「リンクが非常に寒かったため、彼らはすぐにソチに帰ってきた」と伝え、さらに「寒いリンクは絶対にスケーターに影響するし、練習にならない」というミシェル・クワンの言葉を紹介している。

おかしなことはまだある。

ソチの競技会場が標高0mなのに対し、エレバンは標高約1000mの高地だ。

2月21日の『スポニチアネックス』によれば、「高地は気圧が低く、一般的にジャンプが跳びやすいとされる。一方、同じような標高（1300m）の長野・野辺山で行う有望新人発掘合宿では、ジャンプの調子を崩す選手がいるという。個人戦SPでのジャンプ失敗について、『高地での調整が影響した可能性がある』と指摘する関係者もいた」。

過去の失敗はなぜ活かされなかったのか

実は高地合宿での失敗は、トリノ五輪に出場した高橋大輔がすでに経験していた。当時、五輪直前合宿のためにJOCが用意したイタリア・クールマイヨールのリンクは、標高約1200mの高地にあった。対して競技会場のあるパラベーラの標高は、約220m。

以下、高橋のコーチだったニコライ・モロゾフ氏の著書*[16]から該当箇所を引用する。

「問題はスケート連盟が直前に行った合宿にあった。彼らは選手たちを試合前にイタリアの高地に送った。高地トレーニングは心肺能力を高めると言われているため、直前にスタミナアップさせようという考えだったのだ。しかし、これはすべての選手にあてはまることではない」。

「高地であまり練習ができずに低地に下りてくると、今度は低地の気圧に慣れるまでにあまり練習ができない。何が起こるかというと、練習がうまくつながらなくなり、十分な準備ができなくなるのだ。まさにそれが大輔に起こった。

私は大輔が高地に行くことに反対したが、スケート連盟がそれを受け入れなかった。行かなければオリンピックに出場できないというのだ。静香は2日間だけの参加にとどめることができた。しかし大輔については、まだメダル候補としての期待値が静香よりは低いと思われていたので、『もし参加しなかったら他の選手にする』と連盟は言うかもしれないと感じた」。

「〜しなければ五輪に出場できない」。またしても、この言葉だ。

結果はモロゾフコーチの予想通り。このシーズンGPファイナル3位、全日本選手権1位と好調だったはずの高橋は合宿後に調子を崩し、五輪では8位の成績にとどまった。一方、JSFから「金メダル候補」と期待されていた荒川が、期間を短縮しての参加が許可されていたことも興味深い。

荒川自身、モロゾフコーチが高地合宿のリスクを訴えていたことは知っていたはずだ。しかしソチ五輪の際、彼女は「かなり万全な状態が整っている」とインタビューに答えている。エレバンの標高については、知らなかったのかもしれない。

２０１３〜14年シーズンの「強化合宿費」

私がＦａｃｅｂｏｏｋにアルメニアのリンクについて記事をアップしたときのことだ。「ＪＯＣの大会（原文ママ。実際にはＩＯＣ主催）は、各競技団体が任意でスケジュールを決められない縛《しば》りがあるので、そこがネックだった。ＪＯＣは堅物だから」という指摘を受けた。

「アルメニアで最終調整を行ったのは、ＪＯＣの指示だろう」と言いたいらしい。確かにトリノ五輪の際、合宿地を設定したのはＪＯＣだった。しかし、あるＪＯＣ関係者は、「この件に限らず、あくまで一般論としての話」と断ったうえで、こう話す。

「ＪＯＣは結団式を行い、オリンピック選手団を編成した後は全チームについて責任を負いますが、合宿や一時帰国などの判断は、各チーム（連盟）の監督の方針により行われます。他チームに影響を及ぼすことがなければ、強制することはめったにありません」。

実はＪＳＦは、アルメニア合宿にかなりの予算をつけている。

13年度（ソチ五輪年度）に「フィギュア海外強化合宿」の名目で支出した金額は、23

件で約2500万円。前年度は34件で約1235万円。翌年度は14件でわずか90万円。15年度、16年度ではそれぞれ12件、15件あったにも関わらず、支出はゼロ。13年度の海外合宿費が、いかに突出して増額されていたかがわかる。

14年当時のアルメニアの物価は、「日本と比べて約4分の1」程度。13年度との差額約1300万円が使われていたとすれば、K複合施設にとってはかなり大きな収益となっていたはずだ。一方で、ここまで予算を組んだJSFとすれば、合宿を取りやめる決断は、さぞ下しにくかったことだろう。

現地にいたJSF幹部たちは何をしていたのか

ブレードのエッジは、選手と氷との唯一の接点だ。演技中、選手はブレードを傾け、エッジに体重を乗せて重心を保つ。エッジの調整はスケーティングの感覚に影響するため、通常、試合当日には行わないものだが、ソチ五輪SP、FSの際には、佐藤コーチ自らが「軽く研いだ」と複数のメディアに答えている。

実はソチ周辺にはスケートショップがまったくなく、バンクーバー五輪の際には日本から現地入りした、フィギュア専門のブレード研磨師の同行もなかった。

フィギュアを習い始めて数年の初心者でさえ、エッジを研いだ後は「氷の掴み方が全然、違う」ことは実感できるという。ましてやトップ選手の高難度ジャンプに影響しないはずがない。それ以上に、調整に不安を抱えた靴で五輪の大舞台に臨まねばならないという、浅田の心理的な動揺は、いかばかりだったか。

前出の『ＦＬＡＳＨ』によれば、ソチには十数名の連盟幹部が顔を揃え、選手村で頻繁に酒盛りをするなど、「はっきり言って遊びに来ているのと同じ」だったという。

連盟幹部の遠征費は、そのほとんどが放映権や大会チケットなどの収益か、国からの補助金から出ている。言うまでもなく、彼らの仕事は「選手のサポート」のはずだ。

浅田と鈴木がアルメニア滞在中に行われた男子シングルでは、強化部長の小林芳子氏、アルメニアのリンクを視察した松村達郎氏（18年よりＩＳＵ理事）、強化副部長の阿部鉄雄氏と竹内洋輔氏、福留富枝理事、専任トレーナーの加藤修氏らの姿が、リンクサイドに確認されている。

日本選手団の団長である橋本聖子会長、日本選手団総監督の伊東秀仁フィギュア委員長がアルメニアに同行したとは考えにくい。その他、副会長の鈴木恵一氏はスピードスケート部門担当、同じく副会長の荒川静香氏はソチに、長島昭久氏は日本にいた。

つまり、私のような部外者でも顔が確認できるような連盟幹部は、揃ってソチにいたことになる。いったい誰がアルメニアに同行していたのか。

かつて15年に起こったパリ同時多発テロの際には、その影響でGPシリーズフランス大会が中止となった。緊迫する情勢の中、テレビ朝日の映像には選手自らが慌ただしくフライトチケットを手配する様子が映っていた。こういった万が一の非常事態に備えるためにこそ、連盟スタッフは帯同しているのではないのか？　五輪合宿のリンクを事前にチェックする体制もなく、アルメニアには幹部の同行すらなかったとしたら……。

城田氏がメダルに不可欠だと指摘した「総合力」は、女子シングルに関しては、まったく機能していなかった。連盟は、女子シングルの金メダルを望んでいたのだろうか？

少なくとも、リンクの紹介者であるアリ・ザカリアン氏が、その責任を問われることはなかったようだ。男子シングル戦終了後、やがて行われる表彰式を前に、彼が男子金メダリストとハグする様子を、カメラが捉えていた。

「幹部の責任は追及されない」異常

小塚嗣彦氏は、前述の『Ｎｕｍｂｅｒ』で、こうも話している。

「……気持ちがただ弱くて（ショートプログラムで）16位になったわけではないし、フリーが神がかり的だったわけでもない。フリーこそ、あのときの真央の本来の実力です」

「（ソチ五輪後、優勝した）世界選手権の出来が普通なんです。だから、ソチのことが余計に悔やまれます。それでも自分の中に一切をしまいこんで、よく頑張ってきた。それが彼女なんです」。

ソチ五輪からすでに4年以上が経った。「浅田本人が何も言わないのだから、周囲がガタガタ騒ぐ必要はない」と言う人もいる。しかし、私はそうは思わない。「何も言い訳しなかった浅田真央は立派だった」などという美談で済ませるつもりもない。

選手の寛容に甘え、本来、自分たちが守るべき選手を盾に、説明の責任すら果たさない連盟が許されていいはずがない。私は真実が知りたいだけだ。異議を唱えなければ、また同じことが繰り返される。異議を唱えるのは、日本のフィギュアを担う未来の選手のためでもある。

福留富枝JSF理事は、14年4月に北九州市長を表敬訪問した際、こう話している。

「ソチ五輪の時、女子チームはアルメニアに行きましたが、そこの環境がすごく悪くて、真央ちゃんは体調を崩した。（アルメニア行きは）失敗作だった」。

彼らにも、「失敗した」という自覚はあるのだ。

ある連盟関係者は、こう話す。

「平昌五輪では、団体戦後の最終調整を日本国内のリンクで行えるようになった。大会期間中に選手の一時帰国を認めるのは初めてのこと。これはソチ五輪での浅田さんの前例を踏まえたうえで、アスリート委員会から理事会への提言が議決された結果だ。彼女が残した影響力と足跡はそれだけ大きなものだし、連盟側も、決して体制を改善する意志がないわけではない」。

一方でインターネットの情報サイト『アサジョ』は、この件についてこう書いている。

「当事者のコーチたちは連盟の責任を追及することなく、平昌五輪での対応について粘り強く働きかけてきたのだという」。

幹部の「責任を追及しない」、あるいは「追求できない」環境が健全とは言い難い。ただ、「誰も責任を取らない組織」であることを意味するのみだ。

世界でもっとも金メダルに近かった選手を団体戦と直前合宿で消耗させ、女子シングルのメダルを失ったのは、「連盟の敗北」ではなかったのか。

11年に亡くなった浅田の母、匡子さんは、バンクーバー五輪を控えた09年10月に、親しい記者との電話で、激しく憤ったという。

「応援してくれなくてもいい。でも、邪魔だけはしないでほしい！　一人の娘が、一生懸命に立ち向かおうとする時に、自らの保身や、お金稼ぎといった大人の都合を持ち込まないで！」。匡子さんには、その後に起きるすべてが、見えていたのかもしれない。

「アルメニアのリンク」については、さらに興味深い後日談もある。

ソチ五輪後の14年6月、アルメニアのエレバンに、突如、スケート学校とリンクが建設されることが発表されたのだ。寄贈したのは、アルメニア出身でロシアの建設会社「モナーク（MonArch）」のＣＥＯ、セルゲイ・ハンバルズミヤン氏。７５５万ドルにのぼる費用はすべて彼の私財からという。

「モナーク」はモスクワを拠点とする最大手建設会社のひとつで、主にロシア政府、連邦財務局からの公共事業を請け負っている。ロシア版フォーブスの"Kings of Government Contracts"の2016年版（2017年3月発表）では20位にランキングされており、「RusLETTER」というサイトの記事には、同社の取引先として、ソチオリンピック組織委員会も記載されている。建設会社のCEOが、自らの出身国とはいえ、「スケート学校とリンクをプレゼント」するとは、かなり太っ腹な話だ。しかもその人物が、ロシア政府と密接な関わりをもつとなれば、話はまた違った色合いを帯びる。

ソチ五輪ではロシアが、悲願の自国初となるフィギュアスケート女子シングル金メダルを獲得した。そして翌年、「アルメニアの新リンク」は完成した。

「ISUのメッセージ」とJSF

ソチ五輪後1年の休養を挟み、浅田の復帰戦となったのは、15年のGPシリーズ中国大会だった。

SPは〔トリプルアクセル、3回転フリップ＋3回転ループ、3回転ルッツ〕。復帰初戦とは思えない攻めの構成は、4回転を跳ばない女子シングルとしては最高難度。トリプルアクセルを決め、大きな歓声の中、浅田真央はガッツポーズで演技を終えた。しかし、発表された得点は、71・73。連続ジャンプのセカンドに軽度の回転不足と、3回転ルッツには重度のエッジエラー「e」がついていた。私個人的には浅田自身が持つ当時の世界最高得点（78・66）を超える点数を期待していたから、予想外に低い得点に驚きもした……が、一方で「やはり……」という諦めと悲しみが入り交じったような気持ちが強かったように記憶している。

彼女の復帰宣言後まもなくして、全ジャンプ中トリプルアクセル（UR）の基礎点だけが下がったことは前述した。そして「ISUからのメッセージ」は、もうひとつ。

ISUが浅田の復帰戦の技術パネルに任命したのは、日本人ジャッジの河合雅子氏。そして演技パネルの1人は、06年の不正会計問題で城田氏と共に理事を引責辞任した尼子健二氏。もちろん、日本スケート連盟からの推挙によるものだ。

FSではジャンプの失敗が重なり3位と順位を下げたが、総合では優勝。結果的にはこれが現役最後の勝ち星となった。

浅田真央は強かった

「浅田真央のピークはバンクーバーだった」。

「トリノにさえ出ていれば…」。

こうした感想には、大きな勘違いがある。

この本で何度か繰り返したように、フィギュアの採点はジャッジの主観の影響を受けやすい。選手自身の「持ち点」と言えるのは、唯一、要素の難易度で決まる基礎点だけだ（回転不足やエッジエラーの判定など、ジャッジの主観を完全に排除したものではない）。

新採点システムがはじまってから2017‐18シーズンまでの14年間で、女子シングル「実施認定ジャンプ」の基礎点歴代トップ5は下の

順位	名前	認定基礎点
1	長洲未来（2017 平昌五輪団体）	50.87
2	ザギトワ （2017 EURO、平昌個人、平昌団体、GPS仏杯、GPF）	50.71
3	浅田真央（2007 GPF）	50.57
4	トゥクタミシェワ（2015 GPSカナダ杯）	49.37
5	浅田真央（2013 ソチ五輪個人）	48.77

※数字はシーズンを表す。(例) 2017→2017-18シーズン

※トップ5のうち、トリプルアクセルを跳んでいないのはザギトワだけ。すべてのジャンプが後半（1.1倍）なのが効いている。1位の長洲未来は五輪で、24歳にして初めてトリプルアクセルを成功させた。キム・ヨナ（2009バンクーバー）は50位圏外。

※3位（2007年）と5位（2013年）当時、エッジエラー判定は「e」の1種類だった。

表の通り。（2017-18シーズンのルールで換算[*17]）

浅田真央は間違いなく、フィギュア女子シングル史上ナンバーワンのジャンパーだった。07年の浅田の記録は、以降10年間、破られることはなかった。ザギトワとの年齢差は12歳。

注目すべきは、浅田自身が7年の歳月を経て、23歳で迎えたソチ五輪で自らの記録に迫るジャンプを跳んでいたことだ。子供の身体で高難度のジャンプを軽々と跳ぶ、早熟な天才は今後も現れるだろうが、それを大人の身体で維持できる女子はごく稀だ。

しかも、浅田が磨き続けた表現力、芸術性を鑑みれば、浅田は競技生活のピークを、間違いなくソチ五輪に合わせていた。

浅田のようなスケーターは、もう二度と現れない。

「スター」はつくれない

浅田真央は今、自身初のプロデュースとなるアイスショー、「サンクスツアー」で全国の地元に密着した常設リンクを回っている。メンバーのうち、真央、無良崇人、浅田舞以外の7人は、オーディションで選ばれた、ほぼ無名のスケーターだ。ショーは浅田が現役時代に滑ったプログラムのアレンジナンバーで構成されている。長い競技生活で数多くの、しかも多彩なプログラムを演じてきた浅田真央でしかできないアイスショーだ。フィギュアの裾野を広げる活動でもある。価格は一番高額なSS席で7500円。

通常のアイスショーでは、世界各国の現役トップスケーターやかつてのメダリストたちが、自分のプログラムをひとつ（多くてふたつ）演じるのが常。新しい競技プログラムの初披露も楽しみのひとつだが、信じがたいことにほとんどのショーは、数人の出演者しか公表されていない段階でチケット販売が始まる。ファンはお目当てのスケーターがどのショーに出演するのか予測を立て、アリーナ席2万円前後のチケットを買うことも珍しくない。出演者全員の発表を待ってからでは、良い席が売り切れてしまうからだ。

もちろん、こんな殿様商売が成立するのは、世界中で日本だけだ。全日本選手権などの競技会ですら、チケットはアリーナ席で1万5000円と高額。

しかし今、フィギュアファンの間では、確実に〝入れ替わり〟が起きている。マイナー競技だった時代から長年フィギュアを支えてきた、ルールに詳しく、採点にうるさいファンは、競技フィギュアから距離を起きつつある。その証拠に、ペアやアイスダンス競技が行われる会場には、目立って空席が多くなった。競技としての魅力を失い、特定の選手の人気だけに頼る集客には、いずれ限界が来る。

ファンの層の変化は、間違いなく今後のフィギュアの興業ビジネスに影響を与えることだろう。

浅田の引退時、彼女のスポンサー企業は9社だった。その後、多少の入れ替わりはあったものの、現在（2018年10月）も9社。浅田のスポンサーを降りた企業が他のスケーターと契約を結ぶことはなかった。企業は浅田真央を通して、フィギュアを支援していた。そしてその背景には、特別フィギュアに詳しくはなくとも、浅田の演技や生き方を応援する無数の人々がいる。

そして、フィギュア界の現状を象徴するような出来事が、髙橋大輔の復帰だ。

髙橋は多くの熱烈なファンを持つことで知られているが、それ以上に、非常に幅広い〝フィギュアファン〟から愛されるスケーターの一人だ。

復帰の発表は、フィギュアの新シーズンが始まる7月1日だったが、実は彼がもっと早く発表していれば、ＩＳＵのルール上、ＧＰシリーズへのエントリーは可能だった。[*18]
正当な「復帰枠」も使わず、従って強化選手の指定も受けず、「ブロック大会から全日本（選手権）を目指す」という彼の決断は、多くのフィギュアファンから熱烈な歓迎を受けた。そこに髙橋の、特別扱いは望まない謙虚な姿勢と、現役選手たちへの最大限の配慮を感じたからだ。

この本を書いている２０１８年10月時点で髙橋の全日本選手権出場は未定（※11月４日、出場決定）だが、もし彼が全日本に出場したら……私には容易に想像できる。「髙橋大輔選手」と名前がコールされ、彼がリンクの中央で両手を広げる。「それだけ」で会場に湧き上がる、すさまじい歓声と熱量を。髙橋大輔が再び競技の場に戻ってきてくれたこと。彼の演技が見られること。それだけでただただ嬉しい多くのファンがいる。

髙橋のＳＰを振り付けたデヴィッド・ウィルソンは、「髙橋は振付師の夢そのもの」と前置きした上で、「彼は人々が今のフィギュアが失いつつあると危惧するすべて――動きの優雅さや訴えかけるプログラムなど――を体現している」と語っている。[*19]

点数を稼げる要素だけに体力と技術を注ぎ込み、点数にならないステップや〝踊り〟

は毎シーズン「レベル取りに最低限必要な要素」を変わりばえのしない振付で繰り返す……、そんなスケーターの対極に、高橋はいる。

どんなスポーツに関しても、私自身は勝利至上主義には賛成しないが、フィギュアスケートではそもそも勝利至上主義すら成立しない。勝負に徹した戦略は、ごく一部の選手だけに許された特権だからだ。

勝つために「あえて難易度を落として完成度を高める」戦略も、「難易度にこだわって技術点を上げる」戦略も、通用するのはごく一部の、ジャッジが「我を見失って」高い得点を与える選手だけだ。ほとんどの選手は「難易度を落とせば技術点もPCSも下がる」し「完成度が落ちたらPCSは下がる」。あるいは「プログラムの構成がいびつになればPCCは下がる」。

選手は当然、こうした事実をわかっているし、だからこそ、それでもなお努力を重ねる選手を、フィギュアファンは応援し続けてきた。

この本で書いた、ISUやJSFにまつわる数々の出来事は、浅田真央とは別の世界で起こったことだ。浅田真央が経験した2度の五輪、バンクーバーとソチについては、「JSFはあまり関心がなかったのではないか」というのが、私の率直な感想だ。トリノでの荒川静香の金メダル以降、連盟の関心は「男子シングル史上初の金メダル」に集中していた。

ISUとしても、トリノ、バンクーバーと続いたアジア人女子金メダリストから、自分たち白人の手にメダルを取り戻すことは、規制路線だったことだろう。

その間、浅田が何を感じ、何を思っていたか、今後も口を開くことはないだろうし、またその必要もない。彼女自身はただ嵐の中、トリプルアクセルと共に目指した道を歩み続けた。引退会見で語った「すべてやり尽くした。悔いはない」という言葉だけが真実だ。

浅田真央は、氷の上で、すべてを見せてくれた。滑る喜びも苦悩も、強さも、弱ささえも。現役最後の試合となった全日本選手権での『リチュアルダンス』には、紛れもなく26歳の浅田真央がいた。競技人生の最後に、浅田にしか表現できない〝フィギュアスケート〟を見せてくれたことに、感謝の言葉しかない。

浅田の引退で、日本フィギュア界は間違いなく、その「隆盛の歴史」に幕を下ろした。今後の活躍が期待される選手は多数存在するし、これからも現れるだろう。しかし、かつての熱狂を甦らせるような選手が現れるとは思えない。

かつて髙橋や浅田の復帰間際。成績不振に苦しむ彼らに、マスコミは声高に世代交代を煽った。しかし、フィギュアの選手に〝交代〟はない。選手はそれぞれ、唯一の存在だ。「ポスト真央」などいないし、「ポスト髙橋」も現れない。

「スター選手はつくれない」し、ファンはその選手が「勝つから応援する」のでもない。「そんなに採点に不満があるなら、見なければいいいんじゃない？」

本当にその通りだ。勝負にこだわるなら、勝っても負けても納得しやすい得点競技や記録競技を見ればいい。

しかし、ときとして理不尽で、矛盾に満ちた競技だからこそ、ファンはスケーター自身、その生きざまを応援する。それはフィギュアが、たった数分の間に演技者そのもの、人間そのものを氷の上に映し出す、素晴らしい競技であるからだ。

スケーターは氷の上で嘘をつけない。

＊1　2015年12月20日開催の「日本スポーツマネジメント学会」第8回大会で、「オリンピックに向けた個人競技のブランディング」というシンポジウムが開かれた。このシンポジウムでJSFフィギュア強化副部長の竹内洋輔氏（法政大学スポーツ健康科学部兼任講師）が発言している。

＊2　『FRIDAY』2017年4月29日号。

バンクーバー五輪時、国内ジャッジでJSFフィギュア部JOC強化スタッフだった藤井辰哉氏は、銀メダルが決まった直後の浅田について、自身のブログに「まるで、学芸会の主役になれなくて、はらわたが煮えくりかえるほど悔しくて、それで人目をはばからず泣きじゃくる小さな子供のようだったのには、彼女の筋金入りの負けん気が、ドロドロと顔を出してる瞬間を見たようだった」と書いている。

＊3　ミシェル・クワン：長野五輪銀メダリスト、ソルトレイクシティ五輪銅メダリスト。03年までに5回、世界選手権で優勝。

＊4　『Reuters』2013年5月29日 "Olympics-IOC sports revenue rankings"

＊5　『毎日新聞』『スポニチアネックス』他。

＊6　『ISUコミュニケーション№1944』☆。GOEについては、4回転ジャンプ全種類で「GOEの減点が最大4点」と拡大し、高難度ジャンプ全般に厳しいものとなった。

＊7　2013年GPファイナルでは、天野氏は技術スペシャリストを務めていた。アシスタント技術スペシャリストは韓国のイ・ウンへ氏。

＊8　対象とする試合は、ISU公認の国際試合と全日本選手権。『浅田真央 私のスケート人生』2017年12月30日刊（新書館刊）には、浅田が現役時代、公式試合（全日本も含む）で挑んだ回数は、89本と記載されている。恐らく『日刊スポーツ』2017年4月25日付「浅田真央　挑んだトリプルアクセルは89回／連載」

が根拠かと思われる。ここで記した「94本」という数字とは誤差があるが、独自の検証を優先することとする。

＊9 『天野氏が技術パネルのひとりとして判定した浅田のトリプルアクセル22本のうち、15本は技術スペシャリスト、残りはアシスタント技術スペシャリストとしてのものだった。

＊10 『FLASH』2014年3月11日号

＊11 『YOMIURI ONLINE』2014年4月13日付

＊12 アルメニアの報道機関『NEWS.am』2013年9月3日付のインタビューで、彼自身が「JSFとは何年もの間、仕事をしている。自分がリンクを紹介した」と語っている。

＊13 音楽チャンネル（21TV）の『Week &』。

＊14 『Number』2017年5月5日 特別増刊号「ソチのフリーは奇跡ではない」

＊15 『朝日新聞デジタル版 GLOBE』2013年10月20日付

＊16 『キス・アンド・クライ』2010年2月1日刊（講談社）

＊17 実施当時の基礎点での順位は下表を参照。

＊18 ISU「Grand Prix of Figure Skating Grand Prix of Figure Skating Final 2018/19 ANNOUNCEMENT」より。過去10年間の世界選手権で上位6位に入った選手が復帰する場合、"Come-Back Skaters"

順位	名　前	認定基礎点
1	浅田真央（2007 GPF）	51.05
2	長洲未来（2017 平昌五輪団体）	50.87
3	ザギトワ（2017 EURO、平昌個人、平昌団体、GPS仏杯、GPF）	50.71
4	浅田真央（2013 ソチ五輪個人）	50.24
5	トゥクタミシェワ（2015 GPSカナダ杯）	49.37
6	ザギトワ（2017 GPS中国杯）	48.73
7	浅田真央（2007 四大陸）	48.35
8	三原舞依（2017 GPS仏杯）	48.25
9	浅田真央（2010 四大陸）	47.89
10	樋口新葉（2017 世界選手権、GPS中国杯）	47.81

※年号の数字はシーズンを表す。（例）2017→2017-18シーズン。

として一度だけ2枠の出場枠を得ることができる。また、出場のためのミニマムスコアを満たす必要は無い。

＊19 『BEV SMITH WRITES』２０１８年7月27日付「Takahashi, Part Two: Choreography」

☆印はすべて、ブログ『★フィギュアスケートのヴィーナス★』モスクワの鐘氏より情報のご提供をいただいた。
また「アルメニアのリンク」に関する文章は、同氏からの情報を主として記事にまとめたものである。

第8章のタイトルは、インターネットのサイト「浅田真央が戦ってきたもの」から転載させていただいた。本書がサイト管理主氏の本意を継ぐものであることを願う。

コラム

小塚崇彦氏に聞く「浅田真央の魅力」

浅田さんのスケーティングの特徴は、「リズム感」と「膝の使い方」に表れています。これらは彼女自身に備わった天性のものですが、ただ「備わっている」だけではトップスケーターとしては通用しません。

リズム感はスケーターにとって非常に大事な要素です。例えば歌でも、歌い手によって「心地よい〝ため〟」と「心地よくない〝ため〟」って、ありますよね。浅田さんは感覚的に「心地よいため」をさっと取れる、体で考えられる人なのかなと思います。

何より彼女には「人間力」がある。ここで言う「人間力」とは、まず「自分をよく知っている」こと。次に「他人を知るための努力ができる」こと。

自分を知っているだけなら、そこで終わり。でも知った上で「人がどう思うのか、どうしてほしいのか」を考えられる人だからこそ、観る人にとって心地よいリズム感やスケーティングが表現できる。それが「浅田真央の魅力」として多くの方に伝わっているのでは、と思います。

もっとも、彼女自身がこんな風に意識しているかどうかはわかりませんが。少なくとも僕自身は、スケーティングがオーケストラの一部になっているような、ごく自然に同調できる彼女のリズム感がとても心地よいと感じています。

スケーターの中には個性というかクセが強い人もいて、それに波長が合うならよいのですが、そうでない人もいる。同様に、ジャッジにも好みがあります。だから競技のうえでも、できるだけ多くの方に「心地よく」感じられるよう努力することが大切なんです。

浅田さんは本当に裏表のない人です。媚を売るという意味ではなく、人に対して気遣いができる。周囲のことをあまり気にしてないようで、実はちゃんと人のことを見ている。そのうえで、自分が思ったことを素直に話せる。

本心と違うことを話す人って、どこかでボロが出るというか、「つくったキャラクターだな」って、周囲に伝わりますよね。彼女にはそういう作為がないんです。こういった彼女の人間力のすべてが、スケーティングに表れていると思います。

佐藤コーチの元、スケーティングの〝音〟が変わった

以前、ローリー・ニコルは浅田さんのスケーティングを「お湯につけたナイフで冷たいバターを切るようになめらか」と表現しましたが、これは確かにそうですね。「蜂蜜の中を練り歩いているような」濃厚なスケーティングではなく、ナイフがバターの中にすっと抜けてくような感じ。

スケーティングでスピードを出そうとすると、見た目にも「力を入れている」ように見えてしまうことが多々あるのですが、そういう無駄な力みを感じさせません。

時々、「ディープエッジが素晴らしい」という言い方をする方がいますが、確かに見た目的にわかりやすいですし、写真映えもいいですが、単純に「ディープエッジだからいい」という問題ではありません。

さまざまな動きに対して、「この時はこの角度」「このポイント」というベストなエッジワークがあるものです。とてもわかりにくいかと思いますが、「スーッと抜けていく気持ちよさ」をスケーター自身は滑っていてわかるものですし、僕自身、この感

覚をどんな動きの中でも感じられるようになるために、日々の練習を積み重ねていたと言っていいでしょう。

約7年間、浅田さんと一緒に練習をしていて、彼女のスケーティングがどんどん洗練されていった過程を見られて、僕自身も楽しかったです。

「膝の使い方」は、佐藤先生についてバッククロスやフォアクロスなど、スケーティングの基本的な技術をしっかりと身につけたことが大きかったと思います。一番、変わったのは〝音〟ですね。どんな音なのか言葉ではうまく表現できませんが、ブレードから氷に力が伝わる音が、心地よく、しかも力強くなっていったのがわかりました。

元々、ふわふわっとした、「エアリー」と表現されるようなスケーティングが彼女の持ち味でしたが、そこに「力強さ」が加わり、さらに「スーッと抜けるようなスケーティング」ができるようになった。この両方を兼ね備えることによって、「膝の使い方」ひとつで、リズムや音楽そのものを表現することが可能になったのだと思います。

ひとつの技術をひたすら極めていくと、一周３６０度回って元に戻ることもあるんです。それって「ゼロ」のように思われるかもしれませんが、決してゼロではなくて、360度回ったからこそ、身につくことも多い。その次の1度は361度なんです。それはらせんを描いて成長していくようなイメージです。いろんなことを経験して、自分で考えて、悩んで。自分で成長に繋げていける。そういう経験が、今の浅田さんのスケーティングに表れています。

「もう一歩先」のスケーティングを求めて

僕が好きなスケーター(スケーター)はカート・ブラウニング(89年から世界選手権で3連覇したカナダ人スケーター)なのですが、彼の素晴らしさって、難しいことをやっていても、観る人にまったくそう感じさせないこと。実際に氷の上に乗って真似してみようとしてもなかなかできない。

難しい技術を難しそうに見せるのも大事なことかもしれませんが、さらっと見せて、クールな印象を与えられるのも、「もう一歩先のスケーティング」と言えるのかなと。

浅田さんのステップも、難しいことをさりげなくやってしまうところが彼女の巧さです。難しいステップを踏みながら、音楽を表現するだけの余裕や、自分が楽しんで、なおかつ周りの人達も楽しめる余裕がある。もちろん本人は精一杯やってるから余裕があるなんて言い方は失礼かもしれませんが、それだけの技術があると僕は思っています。

スピンやステップは、「左右に差がない」ことも特徴。「右足は得意だけど、左足は……」「左回転は得意だけど右回転は……」って人もいますから。どういうパターンになっても、どんな組み合わせになっても、同じように対応できる。特にツイズルに関しては、とても軸がしっかりしていますね。スピンは特にスピードがあるほうだとは思いませんが、エッジの正確さや、軸がぶれないところはツイズルと共通しています。

実はスピンというのは得意不得意はあまり関係なくて、ひたすら練習量が物を言う要素です。佐藤信夫先生から「スピンは練習さえすれば誰でもできる」と言われ続けて、練習の最後には必ず、スピンの時間を取っていました。

スピンって、ＳＰだけでも３種類ありますよね。あれを１種類につき５回ずつ、15回やるんです。スピン１回あたり、だいたい20回転～30回転くらい。時間でいうと15

分から20分位かな。もちろんごく短い休みは挟みますが。で、これをやっていくと4回目くらいで自分でも〝あ、軸が取れたな〟という感覚が掴めるんです。浅田さんとは「あの練習はホントに気持ち悪かったよね〜」と話していました（笑）。

スピンも含めて、ボールを投げたり蹴ったりといったスポーツの基本的な動きって、毎日毎日の積み重ねによって培われるもの。やればやる程、うまくなる。スケーターとして、いつかはジャンプが跳べなくなる日もくるけれど、基礎の部分さえしっかりしていれば、人を魅了するスケーティングはできる。そういう大きな視野でスケーター人生を捉え、信夫先生はしっかりと基礎を教えてくださっているのではないかなと感じています。

最後に、やはり浅田真央と言えば、彼女の代名詞にもなっているトリプルアクセルですね。女子で成功させたことも凄いのですが、あの難しいジャンプを一度も手放すことなく、ずっと突き詰めていけた気持ちの強さが何より凄い。

彼女の芯の強さは、ルッツのエッジ矯正にも表れていました。「エッジエラーを直す」という言い方をしますが、エッジの矯正は「全然、跳んだことのなかった種類のジャンプを習得する」のと同じくらい大変なんです。特に大人になってからの矯正は本当に難しい。

でも浅田さんは最後の全日本選手権で、それを克服して見せてくれた。

これもまた人間力に繋がるのですが、自分が何をしたいのか、どうしたいのか。常にしっかりとした意志をもって決してブレない、逃げない強さも彼女の魅力だと思います。

おわりに

「ルールや採点の曖昧さについては、みんなわかっています。でも、全部ひっくるめて……それがフィギュアスケートだから」。

今回の取材を通じ、複数の元フィギュアスケーターが口にしたこの言葉が、忘れられません。彼らは心からフィギュアを愛し、フィギュアに人生を賭して戦ってきたアスリートです。その彼らが大切に思う競技を、「私に批判する資格はあるのだろうか?」。原稿を書きながら何度も自問自答を繰り返してきました。

組織の中にも、フィギュアのために身を粉にして頑張っていらっしゃる方が本当に多く存在することも、重々、承知しています。

確かに部外者である私に、その資格はないのかもしれません。でも、「……だから仕方ない」という彼らの小さな呟きを、「聞かなかったこと」にすることもできません。

採点競技で戦う選手たちは、組織に対して自分の意見を率直に伝えにくい環境にあります。「フィギュア界」にいる人間ではないからこそ、言えることもある。「おかしいことは、おかしい」という問題提議は、フィギュアを大切に思う気持ちとは矛盾しない、そう思い至りました。

日本フェンシング協会の太田雄貴会長は、今年、「『五輪金メダル』を最上位目標に掲げない」という協会理念を表明されました。アマチュア競技団体としては異例のことです。カデ（U17）強化選手の子供をサポートする保護者は、こう話してくれました。

「選手たちは皆、太田会長がどれ程、努力されているか、何を託そうとしているのか、しっかり理解しています。だからこそ、選手自身も、『自分たちより下の世代のために何ができるだろうか？』と常に考えています。日本のフェンシングは強くなりますよ！」

スポーツを志す子供たちは、自分たちを指導する大人、トップ選手の背中を見て育ちます。長い人生を考えれば、現役としての競技人生はとても短いものです。もしも競技団体が、年若い選手たちに人としての生き方、理想を自ら示してあげることができれば……選手たちは引退後の人生で迷ったとき、常に「誠実に生きる」道を選べるはずです。

そう考えたとき、真っ先に頭に浮かんだのは、山田満知子コーチの言葉でした。

「人として愛されるスケーターになりなさい。周囲に感謝を忘れず、温かく見守ってもらえるような人間性を持ちなさい」。

浅田真央さんが全国のリンクを巡る「サンクスツアー」。私も100口をはるかに超えるほど抽選にエントリーしましたが、チケットは当たりません。もしかしたら、フィギュア競技を批判してしまった私に、フィギュアの神さまはお怒りなのかもしれません。

でも、原稿をチェックしながら、見事、全日本選手権への出場を決めた髙橋大輔選手の演技に涙し、GPシリーズNHK杯では紀平梨花選手のトリプルアクセルに拍手を送り、客席に無数に掲げられた出場選手各国の国旗を見て、改めてフィギュアスケートという競技を応援することの楽しさを思い出しました。

この本を書くチャンスを与えてくださった、ワニ・プラスの佐藤寿彦社長に心より感謝申し上げます。初対面の席で2時間あまり、私の話に耳を傾けてくださったこと。言葉にはできない程、有り難いことでした。

「浅田真央さんの魅力についての取材であれば」と、突然の申し出を受けてくださった小塚崇彦さん、ありがとうございました。私は小塚さんのスケートが大好きです。小塚さんのお考えとこの本の内容とは無関係であることを、ここに明記させていただきます。

そして、私を支えてくださった同志の皆さん……ぼす、Yさん、八八八さん、Mさん、Tさん、Sさん、布美子さん、aさん。データ解析の意義を示してくださった『フィギュアスケート分析ノート』の熊子さん。そして、膨大な労力をかけ収集した、貴重な情報を提供してくださった、ブログ『★フィギュアスケートのヴィーナス★』のモスクワの鐘さん。皆さんのお力なしに、この本は書けませんでした。本当にありがとうございました。

最後に、浅田真央さん。真央さんが見せてくれたすべてに、敬意と感謝を表します。私の思いは、真央さんを美化せず、ただその足跡をありのまま記すことに込めたつもりです。

私はやっぱりフィギュアスケートが好きです。

そして同じく、フィギュアスケートが好きな皆さまに、この思いが届けば幸いです。

２０１８年11月吉日

真嶋　夏歩

浅田真央は何と戦ってきたのか

フィギュアの闇は光を畏れた

著者　真嶋夏歩

2018年12月25日　初版発行
2019年1月10日　2版発行

真嶋夏歩（まじま　なつほ）
東京女子大学文理学部哲学科卒業後、1990年からフリーライターとして、雑誌・広告の企画提案・執筆をはじめる。2014年のソチオリンピックをきっかけにフィギュアスケートにかかわる記事の執筆を開始。『月刊WiLL』（ワック）、『月刊Hanada』（飛鳥新社）にて掲載される。有志の協力を得て蓄積したデータをもとに、スポーツライターの立場とは一線を画す視点から、フィギュアスケートを分析、執筆している。

発行者　佐藤俊彦
発行所　株式会社ワニ・プラス
〒150-8482
東京都渋谷区恵比寿4-4-9　えびす大黒ビル7F
電話　03-5449-2171（編集）
発売元　株式会社ワニブックス
〒150-8482
東京都渋谷区恵比寿4-4-9　えびす大黒ビル
電話　03-5449-2711（代表）
装丁　橘田浩志（アティック）
柏原宗績
DTP　平林弘子
印刷・製本所　大日本印刷株式会社

ISBN 978-4-8470-6142-4
ワニブックスHP　https://www.wani.co.jp

	モホーク	
3分40秒	LFOスリー	
	トゥアラビアン	
	LBIスリー	
	ワルツジャンプ	
	ハーフループ	
	ワルツジャンプ	
	ハーフループ	
	ワルツジャンプ	
	ハーフループ	
	①バレエジャンプ（フォーリン・リーフ）	
	②ハーフループ	
	①バレエジャンプ（フォーリン・リーフ）	
	②ハーフループ	
	①②を何度か繰り返す	
3分50秒	RBO踏切りの１回転ジャンプ	
	RBOスリー	
	マイム	
	LFOループ	
3分56秒	フィニッシュポーズ	

	LBOスリー	
	モホーク	
	LBOスリー	
	モホーク	
	LBOスリー	
	モホーク	
	LBOスリー	
	トウステップでターン×2	
	RBIスリー	
	トウステップでターン×2	
	バッククロス	
	LFOからフォアクロスしてスリー	両腕を広げてひらひら
	LFI	
2分40秒	キャメルスピンからのコンビネーションスピン	
	スピン終わりに右足でホップ×3	
	LFOスリーからホップ	
2分53秒	RBOツイズルからバックスクラッチスピン	
	スピン終わりに両足でホップ	
3分01秒	LFOから変形アップライトスピン	
	トウステップで反時計回り	
		左足を軸に１回転。 正面を向いてポーズ
	右にホップ	
	左にホップ	
	バッククロスをしながら後ろを向く	
	左にホップ×2	
	LFOループから両足	
	ホップで前へ	
	RFIスリー	
	RBOダブルスリー	
	左にホップ	
	左足軸のウインドミル	
	右足軸のウインドミル	
3分31秒	アップライトスピン	
	モホーク	
	ホップ	
	LBIループ	
	マイム	
	バッククロス	
	LFOからフォアクロス	

	RBOスリー	
	モホーク	
	RBOスリー	
	モホーク	
	RBOスリー	
	モホーク	
	RBOスリー	
	モホーク	
	RBOスリー	
	モホーク	
	RBOスリー	
	モホーク	
	1S	
	ハーフループ	
	1S	
	ハーフループ	
	1S	
	トウステップ	
1分59秒	イーグル	
	両足で１回転半	
	左にホップ２回	
	左トウピボットでRFI-RFOチェンジエッジ	
	モホーク	
	RBOロッカー	
	RFIロッカー	
2分06秒	LBOダブルスリー	右腕を上に上げる
	LBOスリー	
	モホーク	
	左ピボットでRBOスリー	左腕を背中側から 振り上げる
	右ピボットでLBOスリー	右腕を上に上げる
	バッククロス	
	LFOスリーしながら両足	
	LFOからトウステップで１回転	
	LFOスリー	
	バッククロス×２	
	LFO	
	RFI踏切り１回転ジャンプ両足で前向き着氷	
	RFOスリー	
2分24秒	２A	

	チョクトウ	
	LBOカウンター	
1分02秒	LFOループ	右足を大きく前へ 振り上げる
	LFOスリー	
		両足を揃える
	ホップで前へ	
	フォアクロス×2	
	LFOロッカー	
	チェンジエッジ	
	バッククロス	
	RBI-RBO-RBIチェンジエッジ	
	バッククロス	
	チョクトウ	
	モホーク	
1分15秒	3F	
	ベスティスクワットイーグル	
	両足で右回りにツイズル×2	
	バッククロス	
	RBO	
	ワルツスリー×2	
	バッククロス	
	チョクトウ	
	モホーク	
	3Lo	
		止まる
	右にホップ	
	左にホップ	
1分35秒	RFOロッカー	右腕を上に左腕を 横に上げる
	RBOカウンター	
	ひょうたん	
	RBIスリー	
	両足でステップ	
1分43秒	バックひょうたんからホップ	
		両足トゥで止まる
		スキップで前へ
	モホーク	
	RBOスリー	
	モホーク	

	RBO、フリーレッグを前から後ろに	
		左足軸で反時計回りに 半回転
	Lトゥプッシュ	
	RFOスリー	
	RBIスリー	
	RFOカウンター	
	RFOループ	
	両脚で円を描くようにすーっと滑ってからシャッセ	
0分20秒	LFOスパイラルで2周回る	
0分30秒	ＲＦＩを入れて止まってからLBOループ右腕を上げる	
		少し両足で滑る
	そのままバックでランジ（片膝をつくところ）で、お辞儀	
0分40秒		立ち上がる
	右に2回ホップ	
	左トウピボットでRFI-RFOチェンジエッジ	
	左に2回ホップ	
	左トウピボットでRFI-RFOチェンジエッジ	
	LBO	
	モホーク	
	RBOスリー	
0分49秒	RFIブラケット	右腕を上げる
	LBOスリー	
	モホーク	
	RBOからホップしてRBO着氷	
	チェンジエッジ	
	RBIスリー	
	RFIブラケット	
	LBI	
	RBO	
	LBI	
0分54秒	RBI	ふわっと両腕を横に広げる
	LBI	
	RBI	両腕を上に
	RBO	
	LBI+ Rトゥ	
	RFIロッカー	
0分59秒		トウをついて 反時計回りに振り向く
	トウステップ×2	

	LFOループ	
	RFIスリー	
	両足で後ろへ	
	RBIループ	
	バッククロス	
	両足でホップ	
	RBI	
	ウインドミル	
	バッククロス	
	チョクトウ	
	【StSq】ここまで	
	モホーク	
	バッククロス	
	ファンスパイラル	
	バッククロス	
	RBOからホップして半回転	
	LFIからホップして半回転	
	RBO	
	LBOスリー	
	RFIスリー	
	バッククロス	
	RBO	
4分02秒	LFOスパイラル	
4分07秒	フィニッシュポーズ	

③2016-17年 エキシビジョン

「チェロスイート」

作曲:ヨハン・セバスティアン・バッハ
振付:ローリー・ニコル

細かく複雑なステップが最初から最後まで続く、非常に挑戦的なプログラム。実は浅田真央の真骨頂はジャンプ以上にステップにある。恐らく、この振付をこのクォリティで滑りきることができるのは、浅田真央だけ。ひとつひとつのポジションが正確でよどみなく、なおかつ優雅。フィギュアスケートの「ひとつの完成形」と言っていいプログラムだ。

※目安の時間は『The Ice 2016』の演技で計測

0分00秒		下を向いて左に一歩移動
		両手を上げる
	LBOでプッシュ	

	バッククロス	
	RBIロッカー	
	両足で前へ	
	モホーク	
2分47秒	3F+2Lo+2Lo	
	バッククロス	
	ホップ	両腕を前後に開く
	RFIスリー	
	フロントクロス×2	
	ヒョウタンで前へ	
	モホーク	
2分59秒	3Lo	着氷時、右腕を力強く前へ伸ばす
	バッククロス	
3分03秒	FCCoSp	
3分20秒	ここから【StSq】	
	バッククロス	
	RBIツイズル	
	トウ	
	R踏切りで半回転ジャンプ	左足で着氷
	RBI	
	LBOスリー	
	RFO	左足を蹴り上げる
	イナバウアー	
	トウステップで左回転	
	LBIからトウステップ	
	RFOツイズル	
	RBIロッカー	
	RFIカウンター	
	ホップ	
	トウステップ	
	RFIスリー	
	LFOスリー	
	ホップ	
	RBIツイズル	
	Lトウ	
	RFIブラケット	
	LBO-LBIチェンジエッジ	
	LBIロッカー	
	LFIブラケット	
	LBOカウンター	

	LFOスリー	
1分55秒	RBO-RBI-RBO チェンジエッジ	両手を前で組んで上へ伸ばす
	LBO	
	RFOスリー	
	クロス	
2分00秒	イーグル	アウトからインへチェンジエッジ
	バッククロス	
	LFO	
	RFIスリー	
2分08秒	LFOスリーから チェンジエッジしてLBO	両腕を上へ
	バッククロス	
	LFO	
	フロントクロス×2	
2分13秒	モホーク	両腕を上に、頭の上で手を合わせる
	バッククロス	
	LFI	
	モホーク	
	両足で後ろへ	
	RBO	
2分20秒	2A+3T	
	バッククロス	
	LFO	
	モホーク	
	RBO	
	LFOスリー	
2分28秒	両足で後ろへ	両腕を後ろに回す
	RBOスリー	
	モホーク	
2分31秒	3S	
	ホップ	
	RFOスリー	
	バッククロス	
	RBOスリー	
	シャッセ	
	フロントクロス×2	
2分41秒	LFフラットでスパイラル	両腕を横から上へ、右足を後方へ伸ばす
	モホーク	
	両足で後ろへ	

0分30秒	RFO	右腕を前に左足を後ろに伸ばす
	アウトモホーク	
	チョクトウ	
	モホーク	
	両足で後ろへ	
	バッククロス×3	
	LFI	
	RBO	
	RFO	
	モホーク	
	チョクトウ	
	ヒョウタンで前へ	
	LFOスリー	
0分46秒	3F+3Lo	
	バッククロス	
	LFOスリー	
0分52秒	RBOスパイラル	
	モホーク	
	両足で後ろへ	
	バッククロス×3	
	LFOスリー	
	LBI-LBOチェンジエッジ	
	クロス	
	チョクトウ	
1分06秒	3Lz	
	LFOスリー	
	RBOダブルスリー	
1分12秒	CCoSp	
1分28秒	スピン後、マイム	右腕を上げ、頬をなでるように降ろす
	トゥステップ	
	クロス	
	イーグル	
	LFO	
	フロントクロス	
1分33秒	両足で前へ	両腕を左頬に添える
	LFOスリー	
1分37秒	FCSp	
1分50秒		スピン後にポーズ
		上を見上げる
	RFI	

	チョクトウ	
	【StSq】ここまで	
3分45秒	CCoSp	
4分07秒	フィニッシュポーズ	

②2013-14年 フリースケーティング

ピアノ協奏曲第2番

作曲：セルゲイ・ラフマニノフ

振付：タチアナ・タラソワ

今も尚、多くの人々の心に残る、浅田真央の最高傑作。浅田としては短めなステップ・シークエンスだが、ひとつひとつのエッジワークが力強い。一般的に最後はスピンで終えるプログラムが多い中、このプログラムは最後にステップ・シークエンスとコレオ・シークエンスをひと繋ぎにし、巧みなスケーティング技術を見せた後、雄大なスパイラルがフィナーレを飾る。

※目安の時間はソチ五輪の演技で計測

0分00秒		両手を体の前で交差させる
	ヒョウタンでバック	
	Rトウでポーズ	
	LFOスリー	
	RBOスリー	
	LFOスリー	
0分08秒	両足で後ろへ	上体を左にひねりながら左腕を上に
	RFOスリー	
	バッククロス	
	両足で後ろへ	
0分12秒	RBO	両腕を振り上げる
	LFO	
	フロントクロス	
		両足を揃える
	フロントクロス×2	
	両足で前へ	
	モホーク	
	両足で後ろへ	
	RBO	
0分25秒	3A	
	LFO	
	フロントクロス	
	LFO-LFIチェンジエッジ	

	バッククロス	
	モホーク	
	RBO	左足を上げる
	LFOツイズル	
	RFIツイズル	
	チョクトウ	
	RBOカウンター	
	RFOツイズル	
	モホーク	
	バッククロス	
	RBOからトウステップ	
3分13秒	LFOロッカー	両腕で「」
	クロスロール	
	RBIループ	
	バッククロス	
	ホップ	両手を上げる
3分19秒	LFOループ	両腕を大きく振る
	RFIツイズル	
	チョクトウ	
	LFIロッカー	
	RBIスリー	
3分25秒	LFIブラケット	右手を頭の後ろから顔の前へ
	モホーク	
	バッククロス	右腕を大きく回す
	トウステップで右回転	
	LFOツイズル	
	RFO	
	LFIカウンター	
	イナバウアー	
	トウステップで右回転	
	RBO	左足を上げる
	トウステップ	
	モホーク	
	バッククロス	
	モホーク	
	RBOからホップで回転	
	ウインドミル	
	LBIループ	
	トウステップ	
	バッククロス	

1分34秒	SpSq	
	バッククロス	
	LFO	
	フロントクロス	
	モホーク	
	バッククロス	
	チョクトウ	
	モホーク	
2分02秒	3Lo	
	LFOスリー	
	RBOからホップしてLFO	
	フロントクロス	
	モホーク	
2分08秒	RBO	右手を前へ、左足は後上方に
	LFO	
	フロントクロス×2	
	両足で前へ	
	フロントクロス×3	
2分15秒	LFI	両腕を上へ、左足を後上方へ
	モホーク	
2分20秒	3F+2Lo+2Lo	
	LFOスリー	
	両足で後ろへ	
	LBO	
	モホーク	
	バッククロス×2	
2分31秒	LFI	両手を合わせ上げ、胸元へ下げる
	イナバウアー	
	バッククロス	
	LBO	
2分35秒	3T	
	LFOスリー	
	RBOスリー	
	モホーク	
	バッククロス	
	RBO	右手を頭上へ大きく振り上げる
2分43秒	イーグル	時計回りのアウトサイドイーグル
2分47秒	2A	
2分51秒	FCoSp	
3分04秒	ここから【StSq】	

	フロントクロス	
0分27秒	モホーク	右手で後頭部をなでる
	バッククロス	
0分29秒	RBO	両腕を広げ前へ、左足を後上方に
	LFOスリー	
	RBO	
	バッククロス	
0分33秒	モホーク	両腕を上げる
	バッククロス	
	LFO	
	フロントクロス	
0分37秒	両足で前へ	右腕を上げる
	フロントクロス×2	
	両足で前へ	
	モホーク	
	両足で後ろへ	
	RBO	
0分47秒	3A+2T	
	LFO	
	フロントクロス	
0分53秒	両足で前へスネーク	頬を叩く
	RFI	
0分55秒	モホーク	右手で頭を前から後ろへ
	バッククロス	
	LFO	
	フロントクロス×2	
	モホーク	
	バッククロス	
	チョクトウ×2	
	チョクトウ	
	モホーク	
1分10秒	3F+2Lo	
	LFO	
	フロントクロス	両手を上に
	RFIスリー	
1分17秒	FSSp	
	LFOスリー	
	バッククロス	
	両足で後ろへ	
	バッククロス×3	

浅田真央の
3大名プログラムステップ解析

ステップの見分けは非常に難しいものですが、ある程度わかる方には楽しんでいただけるかと思います。モホーク、チョクトウなどは、ステップやターンの名称です。(R=右、L=左、F=前向き、B=後ろ向き、O=アウトサイド、I=インサイドの略です)

①2009-10年 フリースケーティング

前奏曲「鐘」

作曲:セルゲイ・ラフマニノフ
振付:タチアナ・タラソワ

全日本から五輪までの短期間につなぎやステップなど、より難易度の高いものに変更された。例えば、2A前のつなぎはチェンジエッジからイーグルへと変更になった。しかもジャンプの回転方向(反時計回り)とは逆、時計回りに弧を描くイーグルであり、非常に難しいつなぎとなっている。ステップはツイズルのバリエーションが豊か。どのポジションも美しい。
※目安の時間は2010年世界選手権の演技で計測

0分00秒	ヒョウタンでバック	
	バッククロス	
	モホーク	
	チョクトウ	
	モホーク	
	RFI-RFO チェンジエッジ	
0分06秒	両足で前へ	両手を頭上で組む
	モホーク	祈るポーズ
	バッククロス	
	RBO-RBI チェンジエッジ	
	LFO	
	フロントクロス	
0分13秒	両足で前へ	右腕を上げる
	フロントクロス×2	
	両足で前へ	
	モホーク	
	両足で後ろへ	
	RBO	
0分23秒	3A	
	バッククロス	
	LFO	